Υ Π Α Ρ Ξ Η ΙΙ

"Εσωτερικά Μονοπάτια"

ΕΙΡΗΝΗ ΛΕΟΝΑΡΔΟΥ

ΥΠΑΡΞΗ ΙΙ

"Εσωτερικά Μονοπάτια"

ΘΕΣΣΑΛΟΝΙΚΗ 2015

ΠΕΡΙΕΧΟΜΕΝΑ

ΛΙΓΑ ΛΟΓΙΑ ΓΙΑ ΤΗ ΣΥΓΓΡΑΦΕΑ

Η ΕΙΡΗΝΗ ΛΕΟΝΑΡΔΟΥ γεννήθηκε το Γενάρη του 1959 και μεγάλωσε στην Θεσσαλονίκη. Αποφοίτησε από το Λύκειο της Σχολής Βαλαγιάννη και παρακολούθησε σπουδές Κλασικού Χορού ενώ παράλληλα πήρε μαθήματα κλασικής κιθάρας στο Κρατικό Ωδείο της Βορείου Ελλάδος. Ασχολήθηκε με την έρευνα του Παράξενου από τα δεκατρία της χρόνια και άρχισε να γράφει σχεδόν την ίδια εποχή.

Το 2002 εκδίδεται το πρώτο της βιβλίο "Το Μυστικό των Θεών" το οποίο επανακυκλοφορεί σε νέα έκδοση (2014).

Από το 1996 έως το 2007 αρθρογραφεί για τα περιοδικά "ΤΟ ΒΛΕΜΜΑ", "ΑΝΕΞΗΓΗΤΟ" και "ΑΒΑΤΟΝ". Έκτοτε ασχολείται με την συγγραφή σεναρίων για την Ελλάδα και το εξωτερικό. Το αγγλόφωνο κινηματογραφικό της σενάριο "The Secret of the Gods" που είναι προσαρμογή του ομώνυμου βιβλίου της έχει διακριθεί σε πολλά διεθνή φεστιβάλ.

Συνεργάζεται με τον ιστότοπο "Ονειρόκοσμος" και είναι από τα ιδρυτικά μέλη της Λέσχης Ortessia.

ΕΙΣΑΓΩΓΗ

Η Τριλογία της Ειρήνης Λεονάρδου "ΥΠΑΡΞΗ" είναι το αποτέλεσμα της πολυετούς έρευνας και της αρθρογραφικής δραστηριότητας της συγγραφέως στα περιοδικά «ΑΝΕΞΗΓΗΤΟ» και «ΑΒΑΤΟΝ».

Τα άρθρα επιλέχθηκαν και εντάχθηκαν, αναθεωρημένα όπου χρειαζόταν, ως κεφάλαια των βιβλίων κάτω από τον ειδικό τίτλο του καθενός, σύμφωνα με τα χαρακτηριστικά εκείνα που προσδιορίζουν την πλευρά της Συνείδησης με την οποία αλληλεπιδρούν. Ακολουθούν κάποια υποτυπώδη σειρά, βάσει και της οποίας ταξινομήθηκαν, ωστόσο η σχέση που τα διέπει είναι η Τάξη μέσα στο Χάος.

Τα **"Εσωτερικά Μονοπάτια"** είναι το δεύτερο βιβλίο της Τριλογίας.

Προηγείται το "Εξωτερικές Διαδρομές" - Ακολουθεί το "Κοσμικές Ροές".

Θεσσαλονίκη, 2015

Το "έξω" από τη Δημιουργία είναι το "μέσα" στην ΥΠΑΡΞΗ

Ειρήνη Λεονάρδου

ΕΣΩΤΕΡΙΚΟΣ ΔΙΑΛΟΓΟΣ

...και όλοι ανεξαιρέτως γνωρίζετε σε τι αναφέρομαι, εφόσον μπορείτε και διαβάζετε. Θα γνωρίζατε ακόμη κι αν δεν ξέρατε ανάγνωση, με την προϋπόθεση πως έχετε μάθει να μιλάτε. Συνεπώς δεν υπάρχει υγιείς άνθρωπος που να μην «εντρυφά» στο ...σπορ. Εξαιρούνται μόνο τα βρέφη!

Πόσοι όμως γνωρίζουμε τι πραγματικά είναι αυτός ο περιβόητος εσωτερικός διάλογος, το σταμάτημα του οποίου κάθε σύστημα εσωτερισμού θέτει ως βασική προϋπόθεση προόδου;

Όσο κι αν φαίνεται απλό και για κάποιους αυτονόητο πως η συνεχής φλυαρία του μυαλού μας δεν είναι παρά ηλεκτροχημικά ερεθίσματα που διαβιβάζονται αέναα μεταξύ των νευρικών συνάψεων του εγκεφάλου, αυτό δεν είναι παρά μονάχα η κορυφή του παγόβουνου. Και για να εξηγήσω τι εννοώ ας ξεκινήσουμε την διερεύνηση του θέματος που θα μας απασχολήσει από την εξαίρεση του κανόνα: τα βρέφη!

Σε τι διαφέρει λοιπόν ένα βρέφος από τους μεγαλύτερους του, ακόμη κι αν αυτοί είναι μόνο νήπια; Πολύ απλά δεν ξέρει ακόμη να μιλάει (και *όλα όσα* αυτό συνεπάγεται!). Στην ομάδα επομένως όσων εξαιρούνται μπορούμε να κατατάξουμε κι εκείνες τις ελάχιστες περιπτώσεις των

9

ανθρώπων που μεγάλωσαν απομονωμένοι από την κοινωνία, όπως ο λογοτεχνικός Μόγλης και που έτσι δεν έμαθαν ούτε αυτοί να χειρίζονται τον λόγο.

Όμως ένα τέτοιο άτομο έχει γενικώς μια ιδιαίτερη και ανάρμοστη συμπεριφορά. Ανάρμοστη βέβαια κατά τα κοινωνικά πρότυπα. Αν δε, καλούμασταν να το παρατηρήσουμε και να επικοινωνήσουμε μαζί του, χωρίς να έχουμε γνώση της περίπτωσης του, θα συμπεραίναμε πως είναι διανοητικά καθυστερημένο καθώς περιμένουμε από κάθε υγιή άνθρωπο να συμπεριφέρεται σύμφωνα με τα κοινωνικά ήθη. Κάποιος που δεν μιλά και δεν αντιλαμβάνεται το περιβάλλον όπως η πλειοψηφία των ανθρώπων θεωρείται, αυτόματα, διανοητικά μη υγιής!

Οι έννοιες λόγος και νόηση είναι άμεσα συνδεδεμένες και αλληλεξαρτώμενες. Κατά τα Δυτικά πρότυπα, όσο καλύτερα κατέχει κάποιος τον χειρισμό του λόγου τόσο περισσότερο νοήμον θεωρείται και όσο μεγαλύτερο δείκτη νοημοσύνης έχει κάποιος τόσο καλύτερα αναμένεται ότι μπορεί να χειριστεί το λόγο.

Όμως μιλώντας για δείκτη νοημοσύνης, γνωρίζουμε πια πως για να μπορέσει να συμμετέχει δίκαια κάποιος σε ένα τεστ νοημοσύνης, πρέπει αυτό να έχει δομηθεί μέσα στα πλαίσια των κοινωνικών του προτύπων.

Δεν μπορούν δηλαδή να εξεταστούν με το ίδιο τεστ ένας άνθρωπος που ζει στις στέπες της Ασίας με κάποιον που ζει σε μια ευρωπαϊκή μεγαλούπολη.

Αυτό σημαίνει πως τα κοινωνικά πρότυπα και η κοινωνική διαμόρφωση, που έχουμε ο καθένας μας, είναι καθοριστικά για την προσωπικότητα και την «νοημοσύνη» μας. Έχουμε δηλαδή συνδέσει τον λόγο με την νόηση και η νόηση εξαρτάται από τα κοινωνικά πρότυπα. Άρα, βάση της λογικής, ο λόγος εξαρτάται επίσης από τα κοινωνικά πρότυπα. Χαρακτηριστικό παράδειγμα η ύπαρξη των διαλέκτων αργκό.

Κατά τα φαινόμενα, ο λογικός μας νους προγραμματίζεται μέσω της κοινωνικής μόρφωσης έτσι, ώστε να υποστηρίζει τα κοινωνικά πρότυπα και άρα και να διατηρεί δομημένο, ως έχει, το κοινό περιβάλλον. Παράλληλα, ο καθένας μας ξεχωριστά προσθέτει σ' αυτό το βασικό πρόγραμμα την δική του ιδιαίτερη άποψη, η οποία στηρίζεται στην προσωπική ερμηνεία της κοινής κοσμοθεώρησης που «κληρονομήσαμε».

«Ο συνήθης εσωτερικός διάλογος είναι ο μηχανισμός που διατηρεί αυτό το πρόγραμμα σε λειτουργία. Ενώ εντρυφά λοιπόν σε εσωτερικό διάλογο ο εκτικός νους πρέπει να καταγράψει το καθετί με βάση το ενσωματωμένο πρόγραμμα του.», γράφει ο Théun Mares.

Αυτό είναι προφανές καθώς, αν παρατηρήσουμε, στον εσωτερικό μας διάλογο αναφερόμαστε πάντα είτε στο παρελθόν είτε στο μέλλον. Σε πρόσωπα, πράξεις ή καταστάσεις, που έλαβαν χώρα ή που υποθέτουμε ότι θα λάβουν, μέσα στα γνωστά κοινωνικά πλαίσια του γραμμικού χρόνου. Η στιγμή του παρόντος, που είναι και η καθοριστική της επιλογής, περνά απαρατήρητη στερώντας μας έτσι την ευκαιρία του να επιλέξουμε. Αλλά να επιλέξουμε τι;

Αν θα συνεχίσουμε να «εγγράφουμε εμπειρίες» βάση προτύπων ή αν θα βγούμε από το πρόγραμμα! Κάτι τέτοιο σημαίνει βέβαια πάρα πολλά, σε όλο το φάσμα της ζωής και της εξέλιξής μας και με ποικίλα αποτελέσματα.

11

«Αν όλοι οι άνθρωποι κατάφερναν να συγκεντρωθούν ταυτόχρονα στο παρόν τους, τότε το σύστημα θα κατέρρεε! Ή τουλάχιστο θα έπαυε να υπάρχει με τη μορφή που το γνωρίζουμε.», γράφει εμπνευσμένα η Μάιρα Ελευθερίου.

Αλλά ας μείνουμε στο θέμα μας εξετάζοντας από πλευράς εγκεφαλικής νευροφυσιολογίας την ύπαρξη του εσωτερικού διαλόγου και των συνεπειών της στον καθορισμό της προσωπικότητας.

Ένα σημαντικό χαρακτηριστικό του εγκεφάλου είναι η ασυμμετρία και η «διχασμένη» του φύση. Η σύγχρονη νευροφυσιολογία έχει και πειραματικά τεκμηριώσει αυτήν την πραγματικότητα, φωτίζοντας με έναν νέο τρόπο την συνολική εμπειρία της ανθρώπινης συνείδησης. Μιας συνείδησης που είναι προϊόν πολλαπλών και πολύπλοκων διαδικασιών οι οποίες όμως δεν αντιπροσωπεύονται επαρκώς από την λεκτική μας ικανότητα.

Όπως είναι γνωστό, το αριστερό ημισφαίριο είναι κατά κανόνα η έδρα του κέντρου του λόγου. Είναι αυτό που επεξεργάζεται λεκτικά κάθε πληροφορία και διατηρεί μια διαδοχική σειρά σκέψεων και συνειρμών καθώς στηρίζεται σε υπαρκτά ερεθίσματα και κανόνες της λογικής.

Από την άλλη, έχουμε το δεξί ημισφαίριο που επεξεργάζεται τις πληροφορίες μη λεκτικά. Διατηρεί τυχαία επιλογή στη διαδοχή των σκέψεων και στηρίζεται σε κανόνες της διαίσθησης, λειτουργεί δε με ερεθίσματα της φαντασίας.

Σ' αυτό το σημείο έχει ενδιαφέρον να δούμε μέσω παρέκτασης και βάση συνδυασμού υπαρχόντων δεδομένων, τι πιθανόν να συμβαίνει ολιστικά, σχετικά με τον τρόπο εκδήλωσης της Συνείδησης και τη λειτουργία του εγκεφάλου.

Τα δεδομένα είναι αφενός η γνώση της βιολογικής φυσιολογίας του εγκεφάλου (αριστερό – δεξί ημισφαίριο και εξειδικεύσεις) και αφετέρου η εμπειρική γνώση της παράδοσης των Τολτέκων.

Αναφέραμε ήδη το πώς λειτουργεί κάθε ημισφαίριο και ξέρουμε επίσης πως το μεν αριστερό ελέγχει την δεξιά πλευρά του σώματος και το δεξί την αριστερή.

Οι Τολτέκοι επέλεξαν να χαρακτηρίσουν τις δυο πλευρές της Συνείδησης ως Αριστερή και Δεξιά, για το Ασυνείδητο και το Συνειδητό αντίστοιχα. Το μεν Ασυνείδητο, όπως θα δούμε παρακάτω και σύμφωνα με ιατρικά πειραματικά αποτελέσματα, εκφράζεται μέσω του δεξιού εγκεφαλικού ημισφαιρίου και το Συνειδητό μέσω του αριστερού.

Παρατηρούμε λοιπόν ότι οι σχέσεις ανάμεσα σε Συνείδηση, εγκέφαλο και σώμα συνδυάζονται χιαστή και έτσι έχουμε: Την Αριστερή πλευρά της Συνείδησης (Ασυνείδητο) να επικοινωνεί και να εκδηλώνεται με το δεξί εγκεφαλικό ημισφαίριο, το οποίο ελέγχει την αριστερή πλευρά του σώματος. Σε όσους αυτό κυριαρχεί είναι αριστερόχειρες.

Και την Δεξιά πλευρά της Συνείδησης (Συνειδητό) να επικοινωνεί και να εκδηλώνεται με το αριστερό εγκεφαλικό ημισφαίριο, το οποίο ελέγχει την δεξιά πλευρά του σώματος και σε όσους είναι το κυρίαρχο, είναι δεξιόχειρες. Ωστόσο υπάρχει και μια μερίδα ανθρώπων που είναι αμφίχειρες. Είτε επειδή ήταν αριστερόχειρες και τους υποχρέωσαν (γονείς και δάσκαλοι) να χρησιμοποιούν και το δεξί χέρι, είτε επειδή είχαν από την φύση τους την ικανότητα απρόσκοπτης επικοινωνίας των δύο ημισφαιρίων, εναλλάσσοντας …δεξιότητες! (Όπως βλέπετε ακόμη και η δομή της Γλώσσας είναι …δεξιοκρατούμενη.)

13

Αν βάλουμε τα δύο ημισφαίρια να εργαστούν το καθένα μόνο του, θα καταλήξουμε σε ίσο βαθμό μετρήσιμης ευφυΐας, αλλά οπωσδήποτε μέσω διαφορετικών στρατηγικών. Όμως, υπό τις συνήθεις συνθήκες, επικοινωνούν και συνεργάζονται με αποτέλεσμα την εκδήλωση μιας ενιαίας και ισορροπημένης, *κατά τα πιστεύω μας, προσωπικότητας.*

Πειραματικά αποτελέσματα που προήλθαν από ασθενείς με διατομή του μεσολόβιου (που είναι υπεύθυνο για την επικοινωνία των ημισφαιρίων), έδειξαν την ανάδυση δύο πραγματικά ανεξάρτητων από άποψη συμπεριφοράς, «εαυτών», οι οποίοι ήταν μάλιστα συχνά μεταξύ τους ανταγωνιστικοί. Για παράδειγμα, το ένα χέρι χαλούσε ταυτόχρονα ό,τι έφτιαχνε το άλλο!

Σε πειραματικό επίσης επίπεδο, προκαλώντας την ανεξάρτητη έκφραση των δύο ημισφαιρίων φάνηκε ότι το καθένα είχε τη δική του άποψη για το ίδιο ζήτημα και η οποία ήταν πολύ διαφορετική. Με τη λήξη του πειράματος και την επάνοδο στην συνήθη κατάσταση, **όπου το ομιλούν ημισφαίριο έπαιρνε πάλι τα ηνία της επικοινωνίας**, ο εξεταζόμενος άνθρωπος έδειχνε ότι **δεν είχε καμία ανάμνηση** για την δραστηριότητα του άλλου ημισφαιρίου ή την εξηγούσε «λάθος», στηριζόμενος στις μεθόδους του ομιλούντος ημισφαιρίου. (Και εδώ, σας προκαλώ να αναλογιστείτε την ιδέα που έχουμε για την ευφυΐα των άλαλων ζώων και το κατά πόσο έχουν συνείδηση του εαυτού τους.)

Είναι λοιπόν εμφανές πως η «ισορροπία» είναι πλασματική και πως το αριστερό ημισφαίριο έχει πραγματικά το επάνω χέρι, όντας κυρίαρχο σε όλους τους δεξιόχειρες και τελικά στο κοινωνικό σύστημα που αυτοί έχουν δομήσει. Κλασσικό παράδειγμα έχουμε σε κάθε περίπτωση αριστερόχειρα παιδιού και στις μαθησιακές δυσκολίες που, λόγω εκπαιδευτικού συστήματος, αντιμετωπίζει.

«Φαίνεται λοιπόν ο εγκέφαλος να είναι τελικά οργανωμένος σε πολλά ανεξάρτητα υποσυστήματα που λειτουργούν παράλληλα, με ανεξάρτητη αντίληψη, μνήμη και δράση το καθένα, και τα οποία στην τελική μας συμπεριφορά εκφράζονται συνολικά, τόσο με λεκτικές όσο και με εξωλεκτικές δραστηριότητες. Η συνείδηση στην ολότητά της δεν πρέπει να περιορίζεται στη λεκτική μαρτυρία μας, όχι με την έννοια της συνειδητής απόκρυψης, αλλά της μη δυνατότητας του ομιλούντος εαυτού μας να είναι από μόνος του γνήσιος εκπρόσωπος του «γνώθι σαυτόν» Ο διχασμός μας, η πάλη ανάμεσα σε δύο διαφορετικότητες, το αρσενικό και θηλυκό μας «μέρος» αποτελούν πανάρχαιες διατυπώσεις της ανθρώπινης σκέψης μέσα από θρησκευτικά και φιλοσοφικά συστήματα. Ακόμη και στην πιο λαϊκή της εκδοχή, η «φωνή της καρδιάς» είναι γνωστό ότι αντιπροσωπεύει ζωτικές και αληθινές πραγματικότητες του εαυτού μας για τις οποίες δεν μπορούμε να εκφραστούμε λεκτικά, και μάλιστα συχνά συγκρούονται με τη λογική-σειριακή ανάλυση.»

Αν όλα τα παραπάνω τα δούμε από τη σκοπιά της ατομικής εξέλιξης, είναι εύκολο να κατανοήσουμε την επιμονή όλων των εσωτερικών συστημάτων που θέτουν ως βασική προϋπόθεση προόδου για αυτοεπίγνωση και ολοκλήρωση, το σταμάτημα του εσωτερικού διαλόγου.

«Μόλις όμως σταματήσει ο εσωτερικός διάλογος,

ο άνθρωπος είναι ελεύθερος να αλλάξει την κοσμοθεώρηση του, εφόσον επιλέξει να το κάνει», επισημαίνει ο Τολτέκος Ναγουάλ Théun Mares, δίνοντας μια ευρύτερη διάσταση στην έννοια της ολοκλήρωσης, στοχεύοντας στην Εσωτερική Ελευθερία.

Δεν είναι όμως μόνο τα εσωτερικά συστήματα που αναγνωρίζουν αυτή την ανάγκη. *«Μέσα από την έρευνα κυρίως για την ψυχοθεραπεία, οι μέθοδοι ύπνωσης που χρησιμοποιήθηκαν τον προηγούμενο αιώνα απευθύνονταν- έστω και χωρίς την επίγνωση του νευροφυσιολογικού υποστρώματος- στην άρση της «λογοκρισίας» στις άδηλες αλήθειες του εαυτού μας. Μια ανάλογη προσπάθεια έκανε και η ψυχανάλυση μέσα από τον ελεύθερο μη λογικό συνειρμό που πρότεινε στον αναλυόμενο. Θα μπορούσαμε σχηματικά να πούμε ότι ζητούσε από τον αναλυόμενο να «ανασύρει» από τον βουβό του εαυτό παραστάσεις, να τις δώσει για μια νέα επεξεργασία στον ομιλούντα συνεταίρο του για να «αποδυναμώσει» την σκοτεινή, ενστικτώδη και άφατη πτυχή της σύγκρουσης, να την εκλογικεύσει και να την αναδιοργανώσει, ενισχύοντας την κυριαρχία της ομιλούσας συνείδησης. Το ίδιο προσπαθούμε βέβαια να κάνουμε όλοι μας με κάποιον τρόπο όταν προσπαθούμε να εκλογικεύσουμε και να αναλύσουμε η απλώς να εκφράσουμε τον εαυτό μας: Με βάση κυρίως κοινωνικές παραμέτρους υπερεγωτικού τύπου προσπαθούμε «εκ των υστέρων» να σχηματοποιήσουμε τις εξηγήσεις της συμπεριφοράς με αναλυτικού τρόπο, αγνοώντας μνήμες και σκέψεις που κατοικούν στη βουβή πλευρά του εαυτού μας και έχουν το μερίδιό τους στον καθορισμό της.»*

Σύμφωνα με την γιατρό Κ. Μόντη, όσοι διαθέτουν ένα

προικισμένο νευροφυσιολογικό υπόστρωμα που να επιτρέπει την πλουσιότερη επικοινωνία ανάμεσα στα διαφορετικά παράλληλα επίπεδα λειτουργίας του εγκεφάλου τους κατορθώνουν να φτάνουν σε υψηλότερα επίπεδα αυτογνωσίας και σοφίας. Επίσης, ένα δημιουργικό άτομο «ξέρει» με κάποιον τρόπο να χρησιμοποιεί και τις δύο του υποστάσεις, και να συλλαμβάνει τις πολύπλοκες αμοιβαίες σχέσεις εμπειριών και ιδεών με την διαισθητική-ολιστική του υπόσταση, εκφράζοντάς την λεκτικά.

Σε πρώτο επίπεδο, η απόκτηση αυτής της ικανότητας, είναι ο ένας λόγος για τον οποίο χρειάζεται να ελέγχουμε τον εσωτερικό μας διάλογο. **Σταματώντας την άσκοπη φλυαρία του, δίνουμε χώρο και χρόνο στην κρυμμένη πλευρά του εαυτού μας να εκδηλωθεί και να εκφραστεί.** Παρατηρώντας εσκεμμένα τις αλλαγές που συμβαίνουν στην αντίληψη και τις αντιδράσεις μας, μπορούμε να χαρτογραφήσουμε εκείνο το άγνωστο κομμάτι της Ύπαρξης και του χαρακτήρα μας και να του δώσουμε τη θέση που δικαιούται. Σε δεύτερο επίπεδο, αρχίζουμε να αντιλαμβανόμαστε *και εμπειρικά* πως είμαστε κάτι πολύ ευρύτερο από ένα βιολογικό ον γραμμικού χρόνου που γεννήθηκε σ' αυτό τον πλανήτη. Και τότε, η Αναζήτηση παίρνει άλλο ρυθμό και προσανατολισμό. Και κάποτε, το σταμάτημα του εσωτερικού διαλόγου, γίνεται «δεύτερη φύση» γιατί μονάχα έτσι έχει πια νόημα η συνέχεια της πορείας μας στη Ζωή.

Τι σημαίνει όμως κατ' ουσίαν, το «σταμάτημα» του εσωτερικού διαλόγου; Είναι μονάχα η παύση της ακατάσχετης φλυαρίας ή κάτι περισσότερο; Και πώς τελικά επιτυγχάνεται;

Τι είναι όμως κατ' ουσίαν ο Άνθρωπος; Είναι μονάχα το σώμα του ή κάτι περισσότερο; Και πώς τελικά αποκτά την Ελευθερία του;

Ανατρέχοντας στις γνώσεις μας για να δώσουμε απάντηση στη δεύτερη ομάδα των ερωτήσεων, βρίσκουμε τα στοιχεία εκείνα που χρειαζόμαστε για τις απαντήσεις της πρώτης.

Αν ο εσωτερικός διάλογος είναι ηλεκτροχημικά ερεθίσματα που διαβιβάζονται αέναα μεταξύ των συνάψεων του εγκεφάλου, ο εγκέφαλος είναι ένα ενεργειακό πεδίο μεγάλης συμπύκνωσης. Αυτό το πεδίο-εγκέφαλος, όπως και γενικά το πεδίο-σώμα, έχει το δικό του ιδιαίτερο Πρότυπο στο οποίο στηρίζει την δομή και την ύπαρξη του. Αυτό βέβαια δεν είναι κάτι που αφορά μόνο το πεδίο-άνθρωπο, αλλά και οτιδήποτε υφίσταται εντός της Δημιουργίας. Κάθε νεογέννητο επομένως οφείλει την ύπαρξη του πεδίου-σώματος του στο πρότυπο που έχει δομήσει με τις πληροφορίες που έφεραν τα χρωμοσώματα των γονιών του. Οφείλει όμως την «απόφαση της συγκεκριμένης του επιλογής» στο πρότυπο του πεδίου του που προϋπήρχε στην συμπαντική ενεργειακή «Θάλασσα».

Μπορούμε να παρομοιάσουμε το νεογέννητο σώμα με ένα compact disc *πολλαπλής εγγραφής*, στο οποίο αμέσως μετά την γέννηση αρχίζουν να αποθηκεύονται συνεχώς νέα δεδομένα. Ως επανεγγραφόμενο όμως, μας δίνει τη δυνατότητα της αφαίρεσης ορισμένων από αυτά και της αντικατάστασης τους με άλλα ή ακόμη και της πλήρους διαγραφής τους!

Ας δούμε αναλυτικά τι σημαίνουν όλα αυτά. Η αποθήκευση των νέων δεδομένων δεν είναι άλλο από την κοινωνική διαμόρφωση που δεχόμαστε όλοι μας και στην οποία αναφερθήκαμε ήδη, αλλά και είναι απόλυτα κατανοητή από τον καθένα. Εκείνο που δεν γίνεται άμεσα αντιληπτό, ακριβώς εξ αιτίας της ίδιας της κοινωνικής διαμόρφωσης, είναι το πόσο βαθιές είναι οι ρίζες της και πόσο τεράστια η επιρροή της. Μόνον όταν αποφασίσουμε να την εξαλείψουμε μπορούμε να συνειδητοποιήσουμε πως είμαστε «σιδηροδέσμιοι» της και αν το κάνουμε με λάθος τρόπο, το πιο πιθανό είναι βρεθούμε σιδηροδέσμιοι και κυριολεκτικά. Ή άντε, ζουρλομανδυοδέσμιοι!

Η κατάλυση της κοινωνικής διαμόρφωσης, δεν έχει να κάνει επομένως με ακραίες πράξεις που τραβούν την προσοχή της κοινωνίας. Είναι εσωτερική υπόθεση κατ᾽ αρχήν και στην συνέχεια, ναι, είναι τρόπος ζωής που όμως φροντίζουμε να μη τραβά την προσοχή των τρίτων. Όσο πιο αφανείς είμαστε, τόσο πιο ήσυχους μας αφήνουν, άρα και πιο ευέλικτους!

Εδώ όμως, πρέπει να επισημάνω πως πέρα από την αντίδραση της κοινωνίας σε όποια προσπάθεια αποστασιοποίησής μας από αυτήν και τις φυσικές συνέπειες αυτής της πράξης μας, έχουμε να αντιμετωπίσουμε και μια άλλη αντίδραση, εξ ίσου σημαντική για να τη λάβουμε υπόψη μας και ίσως ισχυρότερη.

Όσο και αν θα σας ξαφνιάσει, έχουμε να αντιμετωπίσουμε και την αντίδραση του Συλλογικού Υποσυνείδητου της Ανθρωπότητας! Αν οι φυσικές πράξεις μας βρίσκουν αντιμέτωπους την κοινωνία, οι σκέψεις και τα συναισθήματα βρίσκουν το Συλλογικό Υποσυνείδητο! Και τα πράγματα θα ήταν ίσως πιο εύκολα αν αυτή η αντίδραση έμενε στη σφαίρα του ψυχονοητικού επιπέδου, αλλά δυστυχώς, όντας τα πάντα ένα σύνολο αλληλοσχετιζόμενων ενεργειακών πεδίων, παίρνει στη κυριολεξία σάρκα και οστά και εκδηλώνεται στην υλική πραγματικότητα, ανάλογα με το βαθμό της πίεσης που ασκούμε. Αυτό είναι ένα πολύ κρίσιμο σημείο, διότι αν θέλουμε να Εργαστούμε απρόσκοπτα χρειάζεται να προβαίνουμε στη εφαρμογή των εσωτερικών αλλαγών σταθερά και αποφασιστικά μεν, αλλά σταδιακά και χωρίς «τυμπανοκρουσίες», δηλαδή με άλλα λόγια να μη το ανακοινώνουμε «ούτε στον εαυτό μας». *Απλά να το κάνουμε.* Θυμάστε εκείνο το «να μη γνωρίζει η δεξιά σας τι ποιεί η αριστερά σας»; Παραλληλίστε το με όσα αναφέραμε, αρχικά, για τη λειτουργία και τις ειδικότητες των εγκεφαλικών ημισφαιρίων και τις σχέσεις τους με τις πλευρές της Συνείδησης. Και να θυμάστε πως το Συλλογικό Υποσυνείδητο έχει άμεση πρόσβαση στο ατομικό και το αντίστροφο. Κάτι που είναι βέβαια πασίγνωστο στο χώρο της παραδοσιακής Μαγείας και του Αποκρυφισμού! Υπάρχει όμως και η επιστημονική τεκμηρίωση του φαινομένου, που οφείλεται στην Αδράνεια του Zero-Point Field (ZPF). *(βλ. ένθετο)

Σε επίπεδο εφαρμογής τώρα του «σβησίματος» των αποθηκευμένων δεδομένων, το πρώτο βήμα είναι η αυτοπαρατήρηση και η διαμέσου αυτής απόκτηση επίγνωσης, της υπάρχουσας ήδη δομημένης κατάστασης μας. Σημειωτέον ότι η αυτοπαρατήρηση δεν πρέπει να σταματά ποτέ, εφόσον ζούμε μέσα στην κοινωνία και επηρεαζόμαστε μονίμως από αυτήν. Χρειάζεται δηλαδή να παραφυλάμε τον εαυτό μας σταθερά για να εξουδετερώνουμε εγκαίρως κάθε τι επίκτητο. Το επόμενο βήμα είναι η παύση κάθε σκέψης, συναισθήματος και πράξης που συνηθίζαμε έως τώρα και που οφείλονταν στην κοινωνική διαμόρφωση. Με αυτό δεν εννοώ, για παράδειγμα, να πάψουμε να σεβόμαστε τους συνανθρώπους μας, αλλά ο σεβασμός σε αυτούς να οφείλεται στην αξία της ύπαρξης τους ως Όντα και όχι επειδή αυτό είναι ηθική επιταγή της κοινωνίας, που αν δεν την τηρήσουμε θα έχουμε τις ανάλογες συνέπειες.

Άλλο όμως ο σεβασμός στην οντολογική ύπαρξη κάποιου και άλλο στην προσωπικότητα του. Ο δεύτερος εμπνέεται από το πρόσωπο και -οφείλουμε στον εαυτό μας να- είναι ανάλογος με την κάθε προσωπικότητα, χωρίς ποτέ να ξεχνάμε πού τελειώνει η ελευθερία μας και πού αρχίζει των άλλων.

Πέρα όμως από αυτά υπάρχει και μια Εσωτερική Τεχνική που όταν εφαρμόζεται συνειδητά και εσκεμμένα, λειτουργεί άμεσα στο ενεργειακό μας πεδίο σβήνοντας τις υπάρχουσες εγγραφές, με τον ίδιο τρόπο που θα σβήναμε ένα compact disc προκαλώντας «απουσία ήχου». Δυστυχώς η τεχνική είναι αδύνατο να περιγραφεί με λέξεις, εκείνο όμως που μπορώ να πω είναι πως το αποτέλεσμα που προκαλεί αντιστοιχεί κατά κάποιο τρόπο σε ό,τι θα αναφέραμε ως tabula rasa.

Το σβήσιμο των παλιών εγγραφών και η αντικατάσταση τους με άλλες της επιλογής μας, σημαίνει αυτόματα και το σβήσιμο της «προσωπικής μας ιστορίας», της λανθασμένης δηλαδή εικόνας που έχουμε για μας και η οποία οφείλεται στην κοινωνική διαμόρφωση. Ή για να το πούμε αλλιώς την επαναδιάταξη του Προτύπου μας. Συνέπεια αυτού είναι η απόκτηση του ελέγχου του εσωτερικού διαλόγου, ο οποίος παύει να είναι κατευθυνόμενος από την εκτικό νου και κατευθύνεται από την Καθαρή (αυθεντική) Συνείδηση προς δημιουργικούς στόχους. Διαφορετικά η προσπάθεια να σταματήσουμε τον εσωτερικό διάλογο, μοιάζει με την προσπάθεια να φιμώσουμε με κολλητική ταινία το στόμα ενός έμπειρου εκφωνητή των ειδήσεων, την στιγμή που αυτός κάθεται μπροστά στο μικρόφωνο του. Για πόσα δευτερόλεπτα νομίζετε πως θα μείνει φιμωμένος αμέσως μετά το πρώτο σοκ; Αν όμως του είχαμε κάνει μια ...«πλύση εγκεφάλου;»

Όμως! Αν θέλουμε να είμαστε Ουσιαστικά Ελεύθεροι, χρειάζεται να εξαλείψουμε πλήρως κάθε Κοσμοθεώρηση παρ' όλο που συνεχίζουμε να ζούμε εντός του κόσμου και της κοινωνίας. Αυτό σημαίνει απόλυτη Ρευστότητα, αλλά προϋποθέτει Γνώση του Ουσιαστικού Εαυτού και κατά συνέπεια της αυθεντικής Πρότυπης Γεωμετρίας μας. Γεγονός που μας επιτρέπει την συνειδητή πρόσβαση σε άλλες Καταστάσεις Ύπαρξης και Επίγνωσης και εναλλακτικό τρόπο «θανάτου»! Και έτσι βέβαια, δικαιολογεί τη σπουδαιότητα του σταματήματος του εσωτερικού διαλόγου!

Ωστόσο, και πριν βουτήξουμε στα βαθιά νερά, αρχίζοντας με την αυτοπαρατήρηση ας θέσουμε κάποιες Αρχές, ως βασικές προϋποθέσεις, που θα μας εξασφαλίσουν αρκετή προσωπική δύναμη, ώστε να εστιάσουμε το σκοπό μας στο «σταμάτημα του εσωτερικού διαλόγου»:

Να αναγνωρίζουμε την όμορφη και αρμονική πλευρά του Σύμπαντος και της Ζωής.

Να ξεθάψουμε και να αντιμετωπίσουμε κατά πρόσωπο ξεχασμένους φόβους.

Να παραμένουμε πάντα εντελώς ξύπνιοι και σε ετοιμότητα ώστε να δρούμε με άψογο πνεύμα, αξιοποιώντας πλήρως τις γνώσεις που έχουμε την κάθε δεδομένη στιγμή.

Και τέλος, να «κυλάμε» με ρευστότητα μέσα από τα προβλήματα μας, συνειδητοποιώντας πως αυτά δεν αποτελούν παρά προκλήσεις, που αντιμετωπίζοντας ταις, θα μας χαρίσουν δώρα δύναμης.

Και μια τελευταία επισήμανση! Δεδομένου ότι ο εσωτερικός διάλογος στηρίζεται στην επίκτητη κοινωνική διαμόρφωση, παρατηρώντας τον, μπορούμε να τον χρησιμοποιήσουμε σαν «οδηγό» ώστε να εντοπίζουμε κάθε φορά τα ψυχονοητικά κλειδώματα που εμποδίζουν την ρευστότητα μας και να Εργαζόμαστε Εσωτερικά με στόχο την κατάλυση τους. Κάθε φορά που εξαλείφουμε ένα τέτοιο κλείδωμα, αυτόματα σταματάμε και το αντίστοιχο «μπλα-μπλα» που το συνόδευε!

*ΕΝΘΕΤΟ

Σύγχρονες επιστημονικές προτάσεις προτείνουν ότι η αδράνεια είναι μια **ιδιότητα** ενός ηλεκτρομαγνητικού πεδίου το οποίο εκτείνεται παντού μέσα στο Σύμπαν, διεισδύει παντού και ονομάζεται **Zero-Point Field** (ZPF).

Η εκπεμπόμενη ακτινοβολία του ZPF είναι ισχυρότατη, εκτείνεται σε ολόκληρο το εύρος του ηλεκτρομαγνητικού φάσματος, ενώ η πυκνότητα της ενέργειας του είναι ανάλογη του κύβου $^{(3)}$ της συχνότητας.

Στην περίπτωση που ο συμπαντικός χώρος πληρούται από το ZPF και κινούμαστε με σταθερή ταχύτητα μέσα σ' αυτόν, δεν μπορούμε να ανιχνεύσουμε το πεδίο αφού είναι σταθερό κατά Lorentz.

Καθίσταται ανιχνεύσιμο μόνον αν η κίνηση μας μέσα σ' αυτό είναι επιταχυνόμενη.

Τότε το φάσμα του πεδίου στρεβλώνεται και η στρέβλωση μεγαλώνει όσο μεγαλώνει η επιτάχυνση μας.

Όπως υποστηρίζουν πολλοί ερευνητές, η προηγούμενη στρέβλωση ίσως είναι εκείνο το οποίο ονομάζουμε **αδράνεια.**

Έχει αποδειχθεί δε θεωρητικά ότι, αν ένα σωματίδιο επιταχύνεται μέσα σ' ένα πεδίο ZPF, εμφανίζεται να επιδρά πάνω του μια δύναμη αντίθετη προς την κατεύθυνση του και ευθέως ανάλογη προς την επιτάχυνση του.

Η εν λόγω δύναμη, η οποία στην πράξη ανθίσταται στην κίνηση του σωματιδίου, όπως πιστεύουν σήμερα πολλοί ερευνητές, αποτελεί τη νευτώνεια αδράνεια.

ΜΥΣΤΙΚΟ ΟΝΟΜΑ

Ένα Κλειδί Δύναμης

Θα σας πρότεινα να καθίσετε αναπαυτικά, κάπου ήσυχα, και να χαλαρώσετε. Να διώξετε όλες τις εντάσεις από το σώμα και κάθε έγνοια από το μυαλό. Να ξελαφρώσετε μ' ένα βαθύ αναστεναγμό και να κλείσετε τα μάτια. Καλά εντάξει, μπορείτε να κάνατε όλα τα παραπάνω εκτός από το τελευταίο! Δεν θέλω να κοιμηθείτε, αλλά να ξυπνήσετε!

Όλα αυτά, επειδή θα "μιλήσουμε" για μας, **το γνήσιο βαθύτερο εμάς**, και χρειαζόμαστε ειρήνη στο σώμα και γαλήνη στην ψυχή και στο νου.

Θ' ανοίξουμε τα εσωτερικά μας κανάλια και θ' αφήσουμε να αναδυθεί ελεύθερο ό,τι καλύτερο περιέχουμε μέσα μας. Τον αγαπημένο αληθινό εαυτό μας. Τα παιδικά μας "όνειρα" και τις μνήμες της παιδικής ηλικίας. Τις μνήμες εκείνης της εποχής που γνωρίζαμε ακόμη καλά τον εαυτό μας. Τότε, πριν μας τον στερήσουν οι "μεγάλοι" και το κοινωνικό τους σύστημα.

Ας είναι. Τίποτε, ποτέ δεν χάνεται. Απλώς αλλάζει. Κι εφόσον άλλαξε κάποτε, μπορεί και να ξαν' αλλάξει.

Έχουν περάσει κάποια χρόνια από τότε που παίζαμε στις γειτονιές με τους παιδικούς μας φίλους, μα υποθέτω πως όλοι μας θυμόμαστε εκείνες τις συναρπαστικές ώρες της ξεγνοιασιάς και της "περιπέτειας". Και είμαι βέβαιη πως όλοι συμμετείχαμε κάποτε σ' ένα παιχνίδι ρόλων, σ' εκείνη την αυθεντική, τόσο γνώριμη μορφή του. «Εγώ θα ήμουν η πριγκίπισσα!» έλεγα και ξάφνου, έτσι απλά, η Ειρήνη μεταμορφώνονταν. «Εγώ θα ήμουν στρατηγός!» ανακοίνωνε κάποιος άλλος. «Κι εγώ ο βασιλιάς!» κάποιος τρίτος και ο κόσμος μας τριγύρω μεταμορφώνονταν κι αυτός. Η παλιά εκκλησία γίνονταν το κάστρο μας. Το περίπτερο της γωνίας ο πύργος στο στρατόπεδο των εχθρών και ο περιπτεράς ο στρατιώτης που φύλαγε σκοπιά!

Και εκείνη η μαγική μεταμόρφωση μέσα στη ρευστή παιδική πραγματικότητα μας, είχε ξεκινήσει από την αλλαγή των ονομάτων μας. Από τη μια στιγμή στην άλλη είχαμε αποποιηθεί τον ρόλο της καθημερινής μας προσωπικότητας και κάνοντας χρήση της δύναμης των ονομάτων των αγαπημένων μας ηρώων είχαμε γίνει εκείνοι!

Έτσι και κατά την παιδική ηλικία της ανθρωπότητας, η **ονοματοποιία** στάθηκε μια από τις πλέον σημαντικές βάσεις για την δημιουργία των Γλωσσών στην προφορική αλλά και στην ιδεογραφική, κατ' αρχήν, μορφή τους. Στηριζόμενη κυρίως στην αφαιρετική ικανότητα του νου, περιθωριοποιεί τα επιμέρους χαρακτηριστικά γνωρίσματα του αντικειμένου ή του προσώπου και εστιάζει την αντίληψη στην επικρατέστερη ιδιότητα του.

Υπάρχουν αρκετές θεωρίες σχετικά με τα συμβολικά στοιχεία που περιέχει ένα όνομα, όπως παρομοιώσεις, αναλογίες, συνειρμικοί συσχετισμοί, ιδιότητες των γραμμάτων στην γραφική αλλά και στην προφορική μορφή τους. Για την τελευταία περίπτωση, της προφορικής μορφής των γραμμάτων, οικείο παράδειγμα είναι ο τρόπος της πηγαίας παρόρμησης μας όταν τα χρησιμοποιούμε απευθυνόμενοι σε παιδιά προνηπιακής ηλικίας. «Μη τζιζ!»

λέμε στο μωρό που απλώνει το χέρι του στη φωτιά και ξέρουμε καλά πως τον συγκεκριμένο ήχο κάνει και μια μπριζόλα για παράδειγμα, όταν την ρίχνουμε στο τηγάνι.

Σύμφωνα με τα πορίσματα ερευνητών τα ελληνικά ονόματα και εν γένει οι πρωτογέννητες ελληνικές λέξεις, αποτελούνται από *γράμματα ιδιοτήτων* με το αρχικό γράμμα τους να έχει ιδιαίτερη εννοιολογική αξία, ενώ οι ίδιες αποτελούν *μικρές συμπυκνωμένες προτάσεις ή συμπτυγμένα ξεχωριστά νοήματα*. Αναλύοντας επομένως κάθε ουσιαστικό ή κύριο όνομα, σύμφωνα με τα γράμματα που το αποτελούν, ανακαλύπτουμε ένα πλήθος κρυπτογραφημένων ιδιοτήτων που το χαρακτηρίζουν.

Ο John Locke δεν δέχεται πως υπάρχει φυσική σύνδεση μεταξύ ιδιαίτερων έναρθρων ήχων και ιδεών, θεωρώντας πως σε αυτή την περίπτωση θα υπήρχε μόνο μια γλώσσα για όλους τους ανθρώπους. Όμως ο Επίκουρος στην επιστολή του προς τον Ηρόδοτο αναφέρει ότι τα ονόματα των πραγμάτων δεν δόθηκαν εξαρχής συμβατικά, αλλά δημιουργήθηκαν από την ίδια τη φύση των ανθρώπων, που, ανάλογα με τη φυλή, τις ιδιαίτερες συγκινήσεις και τα εξωτερικά ερεθίσματα τους, απέδιδαν με εξίσου ιδιαίτερο τρόπο την ατμόσφαιρα της ψυχικής τους κατάστασης και της προσωπικής τους αντίληψης.

Δεν μπορώ να ξέρω αν αυτό είναι εμφανές σε όσους έμαθαν να μιλούν ταυτόχρονα σε δύο γλώσσες από την αρχή της ζωής τους, όμως είναι αρκετά κατανοητό σε όσους μιλούν και άλλες εκτός από την μητρική τους.

Η ψυχολογία μας αλλάζει, παίρνοντας ένα διαφορετικό ''χρώμα'' και μας βάζει σ' έναν αλλιώτικο τρόπο σκέψης.

Χαρακτηριστικό παράδειγμα, εφαρμογής της

ονοματοποιίας, είναι η δημιουργία εκείνων των επιθετικών προσδιορισμών που σήμερα αποκαλούμε Επίθετα ή Επώνυμα, αλλά έχουμε πάψει να αντιλαμβανόμαστε την κυριολεκτική έννοια τους. Έτσι, ο υποθετικός κύριος Θεόφιλος Χασάπης που είναι υλιστής στην ιδεολογία του και αποθηκάριος σε ένα πολυκατάστημα, στο επάγγελμα, είχε κάποτε ένα πρόγονο που οι θεοσεβούμενοι γονείς του τον είχαν βαφτίσει Θεόφιλο και που όταν μεγάλωσε έγινε ο χασάπης της κοινότητας.

Την ίδια ακριβώς διαδικασία χρησιμοποιούσαν και οι Αυτόχθονες της Αυστραλίας δίνοντας περιγραφικά κύρια ονόματα στα μέλη της φυλής όπως η Αφέντρα του Ραψίματος, ο Κατασκευαστής των Εργαλείων, ο Μεγάλος Θεραπευτής κλπ. Είχαν όμως μια σημαντικότατη διαφορά στην φιλοσοφία τους. Ο "ιδιοκτήτης" του ονόματος, μπορούσε να το αλλάξει, συγκαλώντας την συνέλευση της φυλής, κάθε φορά που ένοιωθε ότι αυτό δεν τον αντιπροσώπευε πλέον!

Αυτοί βέβαια οι επιθετικοί προσδιορισμοί αντιστοιχούν στα εξωτερικά και πασιφανή χαρακτηριστικά των ατόμων. Τι γίνεται όμως με εκείνες τις άλλες, τις εσωτερικές ιδιότητες, τα "ψυχικά χαρίσματα", που χαρακτηρίζουν τον καθένα μας και μας κάνουν να διαφέρουμε από όλους τους άλλους ανθρώπους καθιστώντας μας πλάσματα μοναδικά;

Σύμφωνα με την πλατωνική θεωρία των ιδεών όλα τα πρόσωπα και πράγματα έχουν ένα μοναδικό και αναλλοίωτο Όνομα, το οποίο εκφράζει την αληθινή, θεϊκή, φύση τους και που στον εσωτερισμό έγινε γνωστό ως το **Μυστικό Όνομα**.

Στην παράδοση των Τολτέκων, «*Οι νάγαλ και οι γυναίκες νάγαλ, που είναι Τολτέκοι της Τρίτης Προσοχής, παίρνουν ένα τιμητικό όνομα από τους συντρόφους τους Τολτέκους που χρησιμεύει ως ο επίσημος τίτλος τους για όλες τις μετέπειτα ζωές τους. Αυτό το όνομα δηλώνει και την εκπαίδευση τους και τη γενεαλογία τους από τη στιγμή που τους δόθηκε ο βαθμός του Άτλαμαν.*»

Για τον Αβραάμ Αμπουλάφια κάθε γράμμα ήταν από μόνο του ένα θείο όνομα. Ένα *πρότυπο* βάσει του οποίου διαμορφώνονται τα στοιχεία που αποτελούν τον κόσμο. Μια θεωρία που έχει τις ρίζες της στην αρχαία Αίγυπτο και την ιδέα περί των Λέξεων ή Ονομάτων Δύναμης δεδομένου ότι οι Αιγύπτιοι πίστευαν πως κάθε Όνομα Δύναμης εμπεριείχε την ουσιαστική υπόσταση του Θεού στον οποίο αναφερόταν, αλλά και ότι αυτό ίσχυε και για τα ανθρώπινα όντα.

Η ύπαρξη, της ίδιας ιδέας, σε πολλούς και διαφορετικούς λαούς ανά την υφήλιο υποδεικνύει πως πρόκειται για **αρχέτυπο** που αναδύεται στην συνειδητή μας νόηση και αναζητά τρόπους να εκφραστεί. Οι ήχοι της φύσης γίνονται ηχό-φθογγοι και παίρνουν την πρώτη τους εικονο-νοηματική μορφή στα ιερογλυφικά και στα ιδεογράμματα και οι συνειδησιακές καταστάσεις βρίσκουν διέξοδο μέσα από τα γραπτά σύμβολα που διατυπώνουν, στο επίπεδο της ύλης, αυτό που υπάρχει αφ' εαυτού στο επίπεδο του πνεύματος.

Αν λοιπόν το ονοματεπώνυμο μας προσδιορίζει, έστω, τα εξωτερικά χαρακτηριστικά που είναι εμφανή σε όλους, το Μυστικό Όνομα μας συμβολίζει την εσωτερική, ουσιαστική μας υπόσταση, το πραγματικό μας **ΕΙΝΑΙ**.

Εκείνη την ''ποιότητα'' της ύπαρξης μας που νοιώθουμε διαισθητικά και που μόνο μέσα από την σιωπηλή ενδοσκόπηση μπορούμε να ανακαλύψουμε.

Εδώ είναι πλέον απαραίτητο να περάσουμε από την θεωρία στην πράξη. Όση γνώση κι αν έχουμε αποκομίσει μελετώντας, είναι στείρα και άχρηστη αν δεν συνοδεύεται από την **Γνώση του Εαυτού** και αυτή αποκτάται μόνο μέσα από βιώματα και αυτοπαρατήρηση. Αν η γνώση είναι δύναμη, η αυτογνωσία είναι η ατομική μας δύναμη.

Στο σημείο αυτό θα ήταν καλό να διευκρινίσουμε πως στον δρόμο προς την αυτοανακάλυψη, δεν πρέπει να συγχέουμε την προσωπικότητα –το φαίνεσθαι– με την ατομικότητα –το είναι.

Ωστόσο ας θεωρήσουμε πως έχουμε ήδη ξεκινήσει και πως είμαστε αποφασισμένοι να συνεχίσουμε. Πως φτάσαμε στην ''πύλη'' της αυτογνωσίας και πως χρειαζόμαστε το **Κλειδί** για να την ανοίξουμε και να διαβούμε το πολυθρύλητο κατώφλι. Και μιας και είναι μια πύλη ''μαγική'', έχει περισσότερα από ένα κλειδιά. Και ένα από αυτά είναι το Μυστικό μας Όνομα!

Όμως δεν φτάνει να βρούμε το κλειδί. Πρέπει να ξέρουμε και πως χρησιμοποιείται! Αλλά το πλέον παράδοξο της ιστορίας είναι πως το κλειδί που ψάχνουμε, βρίσκεται πίσω από την κλειστή πύλη! Για σκεφτείτε όμως, να μπορούσαμε να ''κρυφοκοιτάξουμε'' πίσω από την πύλη χωρίς καν να την ανοίξουμε!

Ας το θέσουμε αλλιώς. Αν θεωρήσουμε πως ο γνωστός μας κλασικός κόσμος είναι αυτός που αντιστοιχεί στην πλευρά της κλειστής πύλης στην οποία βρισκόμαστε τώρα και πως η άλλη πλευρά, εκεί που είναι κρυμμένο το

Κλειδί, αντιστοιχεί σ' εκείνον των απειροελάχιστων ενεργειακών "σωματιδίων" που η επιστήμη της Φυσικής αποκαλεί κβαντικό κόσμο.

Το ανθρώπινο βιομαγνητικό πεδίο, που ως πεδίο ανήκει στον κβαντικό κόσμο, φυσικά και αναπόφευκτα αλληλεπιδρά με κάθε άλλο πεδίο που υφίσταται γύρω του. Αυτό σημαίνει πως υπάρχει μια συνεχής **ανταλλαγή πληροφορίας** ανάμεσα στους δύο κόσμους, τον κλασικό όπως τον αντιλαμβανόμαστε και τον κβαντικό των υποατομικών σωματιδίων, που στην ουσία είναι η βάση της δομής του κλασικού.

Οι τελευταίες εξελίξεις της επιστήμης της κβαντικής πληροφορίας ανάγκασαν τους κλασικούς επιστήμονες να παραδεχθούν και να δεχθούν ένα γεγονός που ήταν πάντα γνωστό στους μεταφυσικούς κύκλους κάτω από διαφορετική ορολογία. Αυτό της άμεσης επικοινωνίας ανάμεσα στα "σωματίδια" όλων των κβαντισμένων πεδίων, άρα και των βιοπεδίων, ακόμη και αν αυτά βρίσκονται απείρως απομακρυσμένα. Αυτή η ιδιότητα των *συνδυασμένων* q-bit (κβαντικές μονάδες πληροφορίας) ονομάστηκε *κατάσταση κβαντικής διαπλοκής.*

«Το 1992 ο Charles H. Bennett της IBM και ο Stephen Wiesner του Πανεπιστημίου του Τελ-Αβίβ έδειξαν ότι η διαπλοκή μπορεί να φανεί χρήσιμη στην αποστολή κλασικής πληροφορίας από τη μια θέση στην άλλη...» (η υπογράμμιση δική μου)

Να λοιπόν που, όπως μας λέει η μεταφυσική και μας αποδεικνύει η κβαντική φυσική, μπορούμε να "κρυφοκοιτάξουμε" πίσω από την κλειστή πύλη και να ψάξουμε για να το κρυμμένο Κλειδί.

Εννοείται βέβαια πως όλα αυτά σημαίνουν **ατομική και**

επίμονη προσπάθεια γιατί, όπως λέει και η παροιμία, αν δεν βραχείς ψάρια δεν τρως!

Μια καλή αρχή για την επίτευξη αυτής της προσπάθειας είναι να εξασκηθούμε στον Υπερβατικό Διαλογισμό. Θα μας βοηθήσει, μεταξύ άλλων, να επιτύχουμε το σταμάτημα του εσωτερικού διαλόγου, κάτι που αποτελεί καθοριστικότατο βήμα στην περαιτέρω πορεία μας.

Έστω ας υποθέσουμε πως περάσαμε με επιτυχία την "εκπαίδευση" και αποκτήσαμε την ικανότητα να κρυφοκοιτάζουμε πίσω από την κλειστή πύλη **κατά βούληση**. Αρχίζουμε λοιπόν να ερευνούμε για το κλειδί. Πώς όμως είναι; Με τι μοιάζει αυτό το κλειδί; Σίγουρα δεν είναι ένα κοινό κλειδί πόρτας και εύχομαι, ούτε ένα για... λασκαρισμένες βίδες!

Είναι ένα **Κλειδί Ιδιοτήτων!** Και επειδή βρίσκεται σ' εκείνη τη πλευρά της πύλης που οδηγεί στον ουσιαστικό εαυτό, είναι το Κλειδί των **αυθεντικών, ατόφιων ιδιοτήτων** μας και όχι των επίπλαστων κοινωνικών διαμορφώσεων που έχουμε υποστεί κατά την διάρκεια της ζωής μας. **Είναι η ουσιαστική δομή της Ατομικής μας Ύπαρξης.**

Σ' εκείνη την άλλη πλευρά το Κλειδί είναι αυτό που είναι και λειτουργεί μια χαρά χωρίς να χρειάζεται κανένα προσδιορισμό, κανένα όνομα. Όμως εμείς είμαστε ακόμη από εδώ και δεν μας αρκεί πλέον απλώς να κρυφοκοιτάζουμε. Θέλουμε να το φέρουμε πίσω μαζί μας, για να μπορέσουμε να ανοίξουμε την κλειστή πύλη και να την περάσουμε. Με άλλα λόγια πρέπει να αποκωδικοποιήσουμε την γνώση που *κοινωνήσαμε* στην άλλη πλευρά και να την μεταφράσουμε σε κατανοητούς για την λογική μας όρους. Πώς όμως επιτυγχάνεται αυτό;

Όπως πιθανόν ξέρετε, η γραμμική, λεκτική επικοινωνία ισχύει μόνο στον κλασσικό κόσμο. Εκεί, πέρα από το κατώφλι, υφίσταται και λειτουργεί η διακίνηση των πληροφοριών ως καθαρές ενέργειες που ''χρωματίζονται'' ανάλογα με την συχνότητα την οποία αντιπροσωπεύουν και γίνονται αισθητές από εμάς ως διάφορες ''ποιότητες'' ενέργειας. Η κάθε ενεργειακή ποιότητα στον κβαντικό κόσμο, είναι το ''προσχέδιο'' μιας ιδιότητας στον κλασσικό.

Ο συνειδητός νους καταγράφει αυτές τις διάφορες ποιότητες ως αισθητήριες εικόνες και έτσι έχουμε πλέον την δυνατότητα να τις αντιληφθούμε και να τις συγκρατήσουμε και εγκεφαλικά.

Σε πρακτικό τώρα επίπεδο, εστιάζουμε κατ' αρχήν την προσοχή μας στον επιθυμητό στόχο. Εν προκειμένω στην εύρεση του Μυστικού μας Ονόματος. Ή διαφορετικά, δηλώνουμε την πρόθεση μας να μας γίνει γνωστό.

Στην συνέχεια και αφού, απαραιτήτως, ενεργοποιήσουμε τα ενεργειακά μας κέντρα ''εισερχόμαστε'' στην κατάσταση του κβαντικού κενού. Πιο αναλυτικά, είναι η κατάσταση εκείνη που μέσω της εξάσκησης του διαλογισμού έχουμε μάθει να σταματάμε τον εσωτερικό μας διάλογο και να αποκτάμε πρόσβαση σ' εκείνο το εν δυνάμει επίπεδο που περικλείει στην κυριολεξία τα πάντα. Το επίπεδο εκείνο από το οποίο μπορούμε να αντλήσουμε οποιαδήποτε γνώση έχουμε την δυνατότητα, από άποψη φυσιολογίας κατ' αρχήν, να αντιληφθούμε και να κατανοήσουμε.

Η αισθητήρια εικόνα, μια εικόνα δηλαδή που γίνεται αντιληπτή με την εσωτερική όραση και συνοδεύεται από συναισθητικές πληροφορίες, θα μας μεταφέρει το μήνυμα που περιμένουμε.

Μην απογοητευθείτε αν δεν έχετε απάντηση αμέσως, ή με την πρώτη προσπάθεια. Επιμείνετε στην πρόθεση σας και παραμείνετε γενικά ενεργοποιημένοι και σε εγρήγορση διότι υπάρχει περίπτωση η απάντηση να έρθει σε ανύποπτο χρόνο, ακόμη και αν ασχολείσθε με οτιδήποτε άλλο. Όταν όμως έρθει θα ξέρετε με κάθε βεβαιότητα ότι ήταν αυτή!

Θα μπορούσα να σας δώσω ένα παράδειγμα αλλά έτσι θα έβαζα σε στενά καλούπια κάτι που από τη φύση του είναι και πρέπει να παραμείνει ρευστό. Εκείνο που μπορούμε να πούμε είναι ότι μετά τη λήψη της πληροφορίας έρχεται η σειρά της ερμηνείας της.

Αυτόματα, ο γραμμικός λογικός νους, θα μεταφράσει την συμβολική αισθητήρια εικόνα σε μία ή περισσότερες λέξεις. Το πια από αυτές αντιπροσωπεύει ή παραπέμπει στο Μυστικό μας Όνομα είναι καθαρά υποκειμενικό θέμα και το αντιλαμβανόμαστε κυρίως με την διαίσθηση και την εσωτερική μας γνώση. Και επισημαίνω και πάλι πως πρέπει η διαδικασία να είναι όσο το δυνατόν ρευστότερη ώστε να αποφύγουμε εκλογικεύσεις που στηρίζονται στις κοινωνικές μας διαμορφώσεις.

Έπεται η αποκωδικοποίηση των γραμμάτων που αποτελούν το Μυστικό Όνομα σύμφωνα με τις ιδιότητες που αυτά αντιπροσωπεύουν. Αν όλα έχουν πάει καλά, η αποκωδικοποίηση αυτή θα επαληθεύσει και θα συγκεκριμενοποιήσει εκείνες τις αυθεντικές ιδιότητες της Ουσιαστικής μας Ύπαρξης που είχαμε αισθητά αντιληφθεί κατά την αρχή της διαδικασίας. Το τι σημαίνουν αυτές οι ιδιότητες και πως μπορούμε να τις αξιοποιήσουμε είναι ένα άλλο θέμα που ίσως μας δοθεί η ευκαιρία να το αναπτύξουμε κάποια άλλη στιγμή.

Ωστόσο, η εύρεση του Μυστικού Ονόματος μας, αν και αυτό αποτελεί από μόνο του ένα Κλειδί Δύναμης, μας έδωσε το ωραίο ταξίδι, το γεμάτο περιπέτειες, το γεμάτο γνώση... Είμαστε τώρα λίγο πιο σοφοί, για να εκτιμήσουμε τις δυνατότητες που υπάρχουν γύρω και κυρίως, μέσα μας. Για να μπορέσουμε να επικεντρώσουμε την προσοχή μας και την δράση μας σε αυτές και να έχουμε το επιθυμητό αποτέλεσμα.

Να κάνουμε τα ενδόμυχα όνειρα μας απτή πραγματικότητα!

ΑΤΟΜΙΚΗ ΟΥΣΙΑΣΤΙΚΗ ΥΠΑΡΞΗ

Μια πτήση στον εσωτερικό πυρήνα, ακολουθώντας το παράδειγμα των γεωμετριδών.*

*γεωμετρίδες: Οικογένεια λεπιδόπτερων εντόμων. Στην οικογένεια αυτή ανήκουν μεγάλες πολύχρωμες πεταλούδες, με λεπτό σώμα, κεραίες και πτέρυγες στολισμένες με βούλες ή πολύχρωμες γραμμές, που πετούν τη μέρα ή τη νύχτα. Οι προνύμφες τους ονομάζονται **γεωμέτρες** και έχουν την ικανότητα να αλλάζουν το χρώμα τους σύμφωνα με το χρώμα του περιβάλλοντος, ώστε να μη διακρίνονται από τους εχθρούς τους. Έτσι μοιάζουν με μικρά κλαδάκια και δεν ξεχωρίζουν πάνω στα κλαδιά των δέντρων. Οι γεωμέτρες μετακινούνται με τον χαρακτηριστικό κυματοειδή τρόπο που χρησιμοποιούμε για να μετρήσουμε με την παλάμη του χεριού μας ένα μήκος και γι αυτό ονομάστηκαν έτσι.

Είναι έως και τραγελαφικό, όμως αν θέλουμε να συνεννοηθούμε, πρέπει μάλλον να ξεκινήσουμε ορίζοντας το… εξ ορισμού, αόριστο!

Ορισμός της Ατομικής Ουσιαστικής Ύπαρξης ή απλούστερα Α.Ο.Υ. (τώρα αυτό μου θυμίζει εκείνο το εκ βαθέων αλύχτημα των λύκων κάτω από το φεγγαρόφωτο, αλλά πού ξέρετε; Ίσως και να μην είναι άσχετα μεταξύ τους αυτά τα δυο... Το δικό μας Α.Ο.Υ. και το αουουού των λύκων! Και ίσως, αυτή η σχέση τους, να είναι και ο πλησιέστερος "ορισμός" που θα μπορούσαμε να δώσουμε!) Έστω!

Ως Α.Ο.Υ. λοιπόν ορίζουμε την **υπερσυνείδητη ατομική μας Ταυτότητα έτσι όπως υφίσταται δομημένη από το σύνολο, ή ακριβέστερα από το Gestalt, των αυθεντικών ατόφιων ιδιοτήτων που χαρακτηρίζουν την ουσία της ύπαρξης μας ως ξεχωριστά όντα.**

«Α, καλά! Δηλαδή εγώ...» ίσως σκεφθεί κάποιος. Αμ, δε! Χωρίς να θέλω να υποτιμήσω κανέναν, όσοι έχουν καταφέρει να είναι το ...ΕΙΝΑΙ τους, *δεν είναι πια ανάμεσα σε μας που το ψάχνουμε και ψαχνόμαστε!* Όμως κι εκείνοι κάποτε, όπως εμείς τώρα, έκαναν τα πρώτα τους βήματα προς το άγνωστο αναζητώντας τις δικές τους απαντήσεις, έχοντας την βεβαιότητα πως η Γνώση βρίσκεται μέσα τους και δεν μένει παρά να την ανακαλύψουν.

Αν και θα επιδιώξω να προσεγγίσω το θέμα από μια ευρύτερη οπτική, καλό θα ήταν να αναφερθούμε και σε κάποιους παραδοσιακούς ορισμούς της Α.Ο.Υ., που συνήθως αναφέρεται ως Ατομικότητα. Η Θεοσοφία και ο Αποκρυφισμός την ταυτίζουν με το Ανθρώπινο Ανώτερο Εγώ, διευκρινίζοντας πως η Ατομικότητα ή Εγωικότητα είναι το αθάνατο και θείο Εγώ που επιβιώνει για πάντα, σε αντίθεση με το θνητό ανθρώπινο εγώ.

Στην παράδοση των Τολτέκων αναφέρεται ως Ονειρευτής και

αν θέλαμε να τον αντιστοιχίσουμε στο Καμπαλιστικό Δέντρο της Ζωής, η θέση του ταυτίζεται με την κατάσταση ύπαρξης που απορρέει από την τριάδα Χέσεντ-Γκεβουρά-Τίφαρετ.

Πιο συγκεκριμένα ο Ονειρευτής μας είναι εκείνη η κατάσταση εκδήλωσης της Ύπαρξης όπου η Συνείδηση έχει γνωρίσει τον εαυτό της ως άρρεν και θήλυ. Έχει δηλαδή κατακτήσει την *επίγνωση* της Ύπαρξης της ως ερμαφρόδιτου όντος. Μέσα στο φως αυτής της νέας γνώσης, ο Ονειρευτής, συνεχίζοντας την προσπάθεια του για την εξέλιξη της Συνείδησης δημιουργεί μέσω του ονειρέματος την **εκδήλωση** του στο επίπεδο της ύλης. Δηλαδή, εν προκειμένω, **ένα ανθρώπινο ον** επιλέγοντας την πολικότητα (άρρεν ή θήλυ) που τον εξυπηρετεί στον δεδομένο χρόνο.

Ο Πλάτωνας Δρακούλης (Λόγιος, 1858-1942) θεωρούσε την Ατομικότητα ως να είναι *ένα ηλιακό σύστημα που καταρτίζεται σταδιακά υπό το κράτος μιας κεντρόφυγου δυνάμεως την οποία ταυτίζει με το άρρεν μέρος της φύσης και μιας κεντρομόλου, αντίστοιχης του θηλυκού, προικιζόμενο με ψυχή που εξελίσσει και εξελίσσεται υπό την επίδραση της συνειδήσεως και της μνήμης.* Επισημαίνει επίσης πως *«Αν και το εγώ κάθε Ατομικότητας* (η επίγνωση, θα λέγαμε εμείς) *συναποτελείται από πολλά μικρότερα εγώ* (οι επιμέρους ιδιότητες των οποίων την επίγνωση έχει η Ατομικότητα) *είναι κάτι τι περισσότερο από το άθροισμα τους...* (το γνωστό μας πλέον Gestalt!)

Όμως εκτός από τις φιλοσοφικές θεωρίες υπάρχει και η άλλη πλευρά του νομίσματος, αυτή της πρακτικής προσέγγισης με βάση τις θετικές επιστήμες. Αυτός ακριβώς ήταν και ο στόχος των Πυθαγορείων. Με την βοήθεια των μαθηματικών και της γεωμετρίας κατάφεραν να μετατρέψουν τις Ιδέες από τον Κόσμο του Πνεύματος σε πρακτικές εφαρμογές στον Κόσμο της Ύλης.

Το οραματικό πρότυπο κάθε Ιδέας εκφράζεται με μια αριθμητική σχέση και προβάλλεται σε μια γεωμετρική μορφή, η οποία στον υλικό κόσμο είναι συγκεκριμένη και σταθερή. Κατά τον ίδιο τρόπο η Α.Ο.Υ.–Ιδέα προβάλλει την υλική μορφή–ανθρώπινο ον.

Στο βιβλίο του «Θεοποιοί» ο Νταν Μπρίταιν, πολύ επιτυχημένα, αποκαλεί τις Α.Ο.Υ. "Γεωμέτρες" και τους θεωρεί ως το *δημιουργικό μέσο* με την συνεργασία του οποίου προβάλλεται η Θεία Ιδέα.

Πιο αναλυτικά, η Θεία Ιδέα υπάρχει ολοκληρωμένη και ακέραια στο Θείο Νου και καθώς συντελείτε η Δημιουργία εκδηλώνεται διαδοχικά στα κατώτερα πεδία επιμερισμένη ολογραφικά, έως ότου φθάσει στο πεδίο της ύλης. Κάθε Γεωμέτρης είναι η πρωταρχική εικόνα του Θείου Νου και κάθε τι που υπάρχει στο υλικό πεδίο είναι η εικόνα που έχει ο κάθε Γεωμέτρης για τον εαυτό του.

Όμως η Δημιουργία δεν τελειώνει εκεί. Ο καθένας από εμάς έχει την δική του εικόνα για τον εαυτό του και το κρίσιμο σημείο είναι το κατά πόσο αυτή η εικόνα που έχουμε για τον εαυτό μας, είναι η αληθινή μας έτσι όπως πηγάζει από το Θείο Νου ή έτσι όπως αυτή έχει διαστρεβλωθεί από τις κοινωνικές διαμορφώσεις και την επικρατούσα πλάνη που αποκαλούμε πραγματικότητα!

Ζώντας σ' ένα σύμπαν ελεύθερης βούλησης, κατά το πρότυπο της ελεύθερης βούλησης του Δημιουργού, έχουμε το δικαίωμα της επιλογής και επομένως ερχόμαστε αντιμέτωποι και με τις συνέπειες της κάθε μιας από αυτές.

Κάθε επιλογή που παρεκκλίνει του Θεϊκού Προτύπου, μας οδηγεί όλο και βαθύτερα στον φαύλο κύκλο της πλάνης έως ότου σταματήσουμε συνειδητά αυτή την αέναη πορεία. Ίσως κάποιοι χαμογελάσουν ειρωνικά στην ιδέα της ελεύθερης βούλησης κάτω από αυτές τις συνθήκες, όμως εξακολουθούν πάντα να έχουν το δικαίωμα της επιλογής αν θα το κάνουν ή όχι!

Κάθε ολογραφικό αντίγραφο της Θείας Ιδέας, φανταστείτε την σαν ένα fractal, συμβάλλει εξ ίσου στην Δημιουργία που συνεχίζει να συντελείται, με απώτατο στόχο την αναδόμηση της αρχικής ολοκληρωμένης εικόνας έτσι όπως την συνέλαβε ο Θείος Νους! Ο δικός μας σκοπός είναι η ολοκλήρωση αυτής της εικόνας στο πεδίο της ύλης. Είμαστε Συν-Δημιουργοί και εξαρτάται απόλυτα από εμάς αν θα δημιουργήσουμε έναν Κόσμο Θεϊκό με ό,τι αυτό συνεπάγεται, ή θα διατηρήσουμε τον Κόσμο που αντικρίζουμε παρακολουθώντας τα δελτία ειδήσεων κάθε βράδυ...

Το ζητούμενο, επομένως, είναι κατ' αρχήν η συνειδητοποίηση του πώς βλέπουμε τον εαυτό μας εμείς και πώς οι γύρω μας. Ανιχνεύοντας τις εικόνες που έχουν οι άλλοι για μας ίσως υποστούμε ένα μικρό σοκ. Για τον καθένα από αυτούς υποδυόμαστε κι ένα διαφορετικό ρόλο. Είμαστε και κάποιος άλλος "εαυτός". Ποιος όμως από όλους αυτούς είμαστε πραγματικά εμείς; Ίσως κανένας. Ή ίσως πάλι να υπάρχει κάτι από τον αληθινό μας εαυτό στον καθένα από αυτούς τους ρόλους.

Όμως ποια είναι η πρωταρχική εικόνα που έχει για μας η Ατομική Ουσιαστική μας Ύπαρξη; Αν επιλέξουμε να συνεργαστούμε μαζί της, πρέπει να την γνωρίζουμε.

Έτσι δεν μένει παρά να κάνουμε εκείνο το καθοριστικό βήμα που θα μας φέρει σε **συνειδητή επαφή** και θα εδραιώσει μια **συνεχή επικοινωνία** με τον πυρήνα της ύπαρξης μας. Εκείνος κι εμείς, είμαστε ένα. Η υλική μας υπόσταση είναι η δική του / μας εκδήλωση στο Επίπεδο της Ύλης. Είμαστε εμείς στην απόλυτη, ολοκληρωμένη μορφή μας.

Η Α.Ο.Υ., Ονειρευτής, Γεωμέτρης ή όποια άλλη ονομασία σας εμπνέει καλύτερα, μέσω του δημιουργικού ονειρέματος βρίσκεται σε συνεχή επαφή μαζί μας. Αυτό το καταλαβαίνει διαισθητικά ο καθένας μας, άλλος λίγο άλλος πολύ, ανάλογα με το πόσο ''ευαίσθητος'' είναι. Όμως για να ολοκληρωθεί η εικόνα, δηλαδή εμείς στο φυσικό επίπεδο, αυτή η επαφή χρειάζεται να γίνει αμφίδρομη. Και αυτό εξαρτάται αποκλειστικά από εμάς και κατά πόσο θα το επιδιώξουμε συνειδητά. Χαριτολογώντας, αν καταφέρουμε να εδραιώσουμε αυτή την επικοινωνία, βρισκόμαστε στην προνομιακή θέση εκείνων των μαθητών του Λυκείου που έχουν ένα γονέα φιλόλογο και έναν φυσικομαθηματικό! Ωστόσο, δεν χρειάζεται να είμαστε κι εμείς φυσικομαθηματικοί για να αντιληφθούμε με απλοποιημένες έννοιες της φυσικής τον τρόπο που η Α.Ο.Υ. επικοινωνεί μαζί μας.

Όπως αναφέραμε και στο προηγούμενο κεφάλαιο, οι τελευταίες εξελίξεις της επιστήμης της κβαντικής πληροφορίας ανάγκασαν τους κλασικούς επιστήμονες να παραδεχθούν και να δεχθούν ένα γεγονός που αναφέρονταν στους μεταφυσικούς κύκλους κάτω από διαφορετική ορολογία. Αυτό της άμεσης επικοινωνίας ανάμεσα στα ''σωματίδια'' όλων των κβαντισμένων πεδίων, άρα και των βιοπεδίων, ακόμη και αν αυτά βρίσκονται απείρως απομακρυσμένα. Αυτή η ιδιότητα των *συνδυασμένων* q-bit (κβαντικές μονάδες πληροφορίας) ονομάστηκε *κατάσταση κβαντικής διαπλοκής*. *«Το 1992 ο Charles H. Bennett της IBM και ο Stephen Wiesner του Πανεπιστημίου του Τελ-Αβίβ έδειξαν ότι η διαπλοκή μπορεί να φανεί χρήσιμη στην αποστολή κλασικής πληροφορίας από τη μια θέση στην άλλη...»*

Δεδομένου ότι η ανταλλαγή πληροφοριών με την Α.Ο.Υ. μας γίνεται σε κβαντικό επίπεδο, (πώς θα μπορούσε να γίνει διαφορετικά άλλωστε;) καθώς εκείνη μας αποστέλλει "πακέτα" πληροφορίας, τα οποία λαμβάνουμε και επεξεργαζόμαστε σε υποσυνείδητο επίπεδο, τα "πακέτα" αυτά είναι "διαπλεγμένα" q-bit και *η διαπλοκή τους συμπεριφέρεται ως πόρος -ως κάτι ανάλογο με την ενέργεια- ο οποίος μπορεί να αξιοποιηθεί για την επεξεργασία κβαντικής πληροφορίας.* (Αυτό κρατήστε το γιατί θα μας χρειαστεί.)

Οι κβαντικές αυτές μονάδες πληροφορίας είναι δυνατόν να βρίσκονται σε *υπερθέσεις*, να έχουν δηλαδή πολύ περισσότερες δυνατές τιμές. Αλλά η πληροφορία που περιέχει κάθε μονάδα πρέπει να εξαχθεί με μέτρηση. Όταν το q-bit υποβάλλεται σε μέτρηση προκαλείται μια διαδικασία αποσυγκρότησης του κβαντικού συστήματος το οποίο καταρρέει και το αποτέλεσμα είναι πάντοτε, όπως απαιτεί η κβαντική μηχανική, ένα σύνηθες bit. Μια μονάδα δηλαδή κλασικής πληροφορίας.

Σε αυτή την αρχή στηρίζεται και η λειτουργία των κβαντικών υπολογιστών αποτελώντας παράλληλα και την τροχοπέδη τους.

Ίσως όλα αυτά γίνουν πιο κατανοητά αν τα δούμε κάτω από το πρίσμα της προσωπικής εμπειρίας.

Θα χρησιμοποιήσω ένα αντίστοιχο παράδειγμα από τον κβαντικό κόσμο, αυτόν της λειτουργίας του εγκεφάλου. Ξυπνάμε, για κάποιο λόγο, τη στιγμή ακριβώς που ονειρευόμασταν και για ελάχιστα κλάσματα του δευτερολέπτου έχουμε άμεση επίγνωση του εκατό τοις εκατό των πληροφοριών του ονείρου μας. Αμέσως μετά τα πάντα "σβήνουν" από το μυαλό μας και μένουμε με εκείνη την παράξενη αίσθηση της απώλειας καθώς στο συνειδητό μας νου διατηρήθηκαν ελάχιστα ποσοστά της επίγνωσης που είχαμε πριν λίγο και που ωστόσο εξακολουθούμε να νιώθουμε πως βρίσκεται πάντα εκεί, μόλις "κάτω από την επιφάνεια".

Είναι η καθοριστική πράξη της παρατήρησης την στιγμή της συνειδητοποίησης μας ότι μεταβαίνουμε από την μια κατάσταση -του ονειρέματος- στην άλλη -αυτή δηλαδή της εγρήγορσης- που προκαλεί την κατάρρευση του κβαντικού συστήματος και μας αναγκάζει να διατηρήσουμε την μονάδα πληροφορίας στην κλασική της μορφή.

Το ζητούμενο εν προκειμένω είναι να μπορέσουμε **να διατηρήσουμε όσο περισσότερα ποσοστά επίγνωσης είναι δυνατόν.** Και αφού δεν πάει το βουνό στον Μωάμεθ, ας στείλουμε τον Μωάμεθ στο βουνό!

Θυμάστε εκείνη την Πύλη που θέλαμε να περάσουμε και ψάχναμε ένα Κλειδί που το είχαμε βαφτίσει Μυστικό Όνομα; Είχαμε πει τότε πως δεν αρκεί να βρούμε αυτό το κλειδί, αλλά να ξέρουμε και να το χρησιμοποιούμε.

Το Μυστικό μας Όνομα λοιπόν είναι Το Όνομα της Α.Ο.Υ. μας. Όχι πως την βάφτισε ένας νουνός τελώντας κάποιο μυστήριο, ή αν θέλετε, ναι. Νουνός της είναι ο λογικός μας νους και την βάφτισε στο μυστήριο της κατανόησης. Διατυπώνοντας το διαφορετικά, το Μυστικό μας Όνομα είναι ένα Κλειδί Ιδιοτήτων. Αυτών των ιδιοτήτων που αντιπροσωπεύουν την Ατομική Ουσιαστική μας Ύπαρξη. Η κάθε ιδιότητα είναι και μια διαφορετική ενεργειακή "ποιότητα", έχει δηλαδή το δικό της "χρώμα" και δονείται στη δική της συχνότητα. Το Gestalt αυτών των ιδιοτήτων είναι η Ατομική Ουσιαστική μας Ύπαρξη. Αν θέλουμε λοιπόν να εναρμονιστούμε μαζί της χρειάζεται να συντονιστούμε κι εμείς στην δική της συχνότητα και ένας τρόπος για να το κάνουμε αυτό είναι η χρήση του Μυστικού μας Ονόματος ως μάντρα. Τώρα για να είμαστε ακριβείς, την ίδια χρησιμότητα θα είχε και το φτου-σκουληκομυρμηγκότρυπα αν μπορούσαμε να το ταυτίσουμε με την Α.Ο.Υ. μας. Όμως στην προσπάθεια μας να ανακαλύψουμε το Μυστικό μας Όνομα έχουμε περάσει μέσα από διαδικασίες αναζήτησης και έχουμε αποκτήσει βιωματικές εμπειρίες τις οποίες ο συνειδητός νους χρησιμοποιεί συνειρμικά ως γέφυρα για να ανακαλέσει στην επιφάνεια την κρυμμένη γνώση.

Αφήνοντας αυτή τη γνώση να εκδηλωθεί χωρίς να την περνάμε μέσα από λογικά φίλτρα –και εδώ παίζει καταλυτικό ρόλο η δυνατότητα μας να σταματάμε τον εσωτερικό μας διάλογο- ο δονητικός τόνος της απαγγελίας του ονόματος-μάντρα αντιστοιχεί με αυτόν της Α.Ο.Υ. μας, εδραιώνοντας έτσι μια συνεχή ροή ανταλλαγής κβαντικής πληροφορίας. Αυτό γίνεται αντιληπτό κατ' αρχήν μέσα από ένα αίσθημα ζωτικότητας που σύμφωνα με τα όσα προαναφέραμε οφείλεται στη φύση των διαπλεγμένων κβαντικών μονάδων πληροφορίας που συμπεριφέρεται ως ενεργειακός πόρος.

Και αυτό είναι πολύ σημαντικό γιατί μας δίνει την

αρχική ώθηση που είναι απαραίτητη για να προχωρήσουμε πιο πέρα. Είναι σαν τη φλόγα του σπίρτου που μας είναι απαραίτητη για να ανάψουμε μια μεγαλύτερη φωτιά.

Επόμενο κρίσιμο σημείο είναι η στιγμή παύσης της απαγγελίας. Όσο πιο έντονο είναι το σοκ τόσο πιο μακριά από «εδώ» και κατά συνέπεια τόσο πιο κοντά στον πυρήνα της ύπαρξης μας θα μας στείλει. Αρκεί να το αφήσουμε να συμβεί.

Κατά κάποιο τρόπο, χρησιμοποιούμε το Μυστικό μας Όνομα σαν όχημα που θα μας μεταφέρει στην "τοποθεσία" της Ουσιαστικής μας Ύπαρξης. "Πηδάμε" μαζί του σαν να ήταν μια σανίδα του σερφ, πάνω στη ράχη του κύματος της συχνότητας στην οποία δονείται εκείνη, με αποτέλεσμα να συντονιστούμε μαζί της.

Με τον καιρό και επαναλαμβάνοντας συχνά αυτές τις επαφές αποκτούμε την ικανότητα να μπαίνουμε αυτόματα στην συχνότητα της Α.Ο.Υ. μας απλά προφέροντας μόνη και μία φορά το Μυστικό μας Όνομα. Όσο συχνότερα συντονιζόμαστε μαζί της τόσο περισσότερο εδραιώνεται και η επικοινωνία μας, έως ότου σταθεροποιηθούμε πλήρως στη δική της συχνότητα. Το αποτέλεσμα είναι αντίστοιχο του Συνειδητού Ονειρέματος, μόνο που αντί να συνειδητοποιηθούμε μέσα στο όνειρο μας *ονειρευόμαστε* συνειδητά στην κατάσταση της εγρήγορσης.

Με την χρήση του Κλειδιού έχουμε πια ανοίξει από μέσα την Πύλη και είμαστε έτοιμοι να διαβούμε το κατώφλι. Να υλοποιήσουμε δηλαδή και στο φυσικό επίπεδο όλα εκείνα που πραγματικά είμαστε στο Ιδεατό. Σταθεροποιώντας το φυσικό μας σώμα στη νέα συχνότητα έχουμε την δυνατότητα να παραμείνουμε και από την άλλη πλευρά της Πύλης και **να "λειτουργούμε" σε δύο επίπεδα**

ταυτόχρονα. Έχουμε κατακτήσει την *ατομική μας δύναμη* και είμαστε πλέον σε θέση να χειριστούμε τους τρόπους με τους οποίους θα εκπληρώσουμε το πεπρωμένο μας. Όμως χρειάζεται συνεχής εγρήγορση και προσοχή γιατί πάντα ελλοχεύει ο κίνδυνος η Πύλη να ξανακλείσει.

Ίσως κάποτε καταφέρουμε την κατάλυση της, αφού πρωτίστως καταφέρουμε την μετουσίωση μας από ένα κλασικό ανθρώπινο πλάσμα σ' ένα κβαντικό **ενεργειακό ον με πλήρη συνείδηση.**

Ιδού λοιπόν το βουνό, ιδού και ο Μωάμεθ! Ή αν το προτιμάτε, οι γεωμέτρες και οι πεταλούδες... Αλλά μην ξεχνάτε πως για να γίνει αυτό χρειάζεται πρώτα να βγούμε από τα ''κουκούλια'' μας, ό,τι κι αν αυτό σημαίνει για τον καθένα μας!

Α! Και ΠΡΟΣΟΧΗ! Μακριά από τους *Στρεβλούς Γεωμέτρες!* Τώρα μη με ρωτήσετε τι ή πώς είναι αυτοί. Αν συναντήσετε κάποιον, πιστέψτε με, θα το καταλάβετε!

ΕΝΘΕΤΟ

Απόσπασμα από την εργασία του Βιολόγου Μαρίνου Σπηλιόπουλου: «Γεωμετρία της Ζωντανής και μη Ζωντανής Ύλης.

Απώτερες δομικές γεωμετρικές έννοιες στο χώρο της έμβιας ύλης.

Παραδείγματα:

Γεωμετρία του σπειροειδούς (διπλή έλικα στο DNA, σπείρες σε όστρακα και άλλα ζώα, διάταξη ανθόφυλλων σε ορισμένα φυτά κλπ.)

Γεωμετρία της σφαίρας (κάποια κύτταρα, πυρήνας, υποκυτταρικά οργανίδια κλπ.)

Συμμετρία των ζωικών οργανισμών: Η μορφολογία των οργανισμών δείχνει ότι αυτοί μπορούν να καταταγούν σε ομάδες, καθεμιά με τη δική της χαρακτηριστική συμμετρία. Με αυτήν καθορίζεται η συμμετρική τοποθέτηση των τμημάτων του σώματος των οργανισμών στο χώρο σε γεωμετρικά σχήματα (π.χ. αμφίπλευρη συμμετρία)

Άλλη περίπτωση πιο εξειδικευμένη, είναι ο λόγος της περιφέρειας του κύκλου προς την διάμετρο, το γνωστό π = 3,141592... Το π είναι πανταχού παρών μέσα στη φύση όπως και στη γεωμετρία. Το συναντάμε στη φυσική, στη στατιστική, στην αστρονομία, τις τέχνες και φυσικά στη βιολογία (ροή υγρών σε αγγεία, διαφορά δυναμικού σε κυτταρικές μεμβράνες κλπ)

Άλλη χαρακτηριστική περίπτωση είναι το γεωμετρικό πρόβλημα της χρυσής τομής, να διαιρεθεί δηλαδή μια ευθεία σε μέσο και άκρο λόγο. Ο λόγος της χρυσής τομής εμφανίζεται σε αναλογίες του ανθρωπίνου σώματος, στο τρόπο διάταξης των φύλλων στα φυτά κλπ. Ειδικά για τη διάταξη των φύλλων στα φυτά, σπουδαίο ρόλο παίζει η ακολουθία του Fibonacci που ισχύει εδώ. Παίρνοντας το λόγο ενός οποιουδήποτε όρου της ακολουθίας αυτής προς τον προηγούμενο του, βρίσκουμε τιμές οι οποίες προσεγγίζουν όλο και περισσότερο στο λόγο της χρυσής τομής.

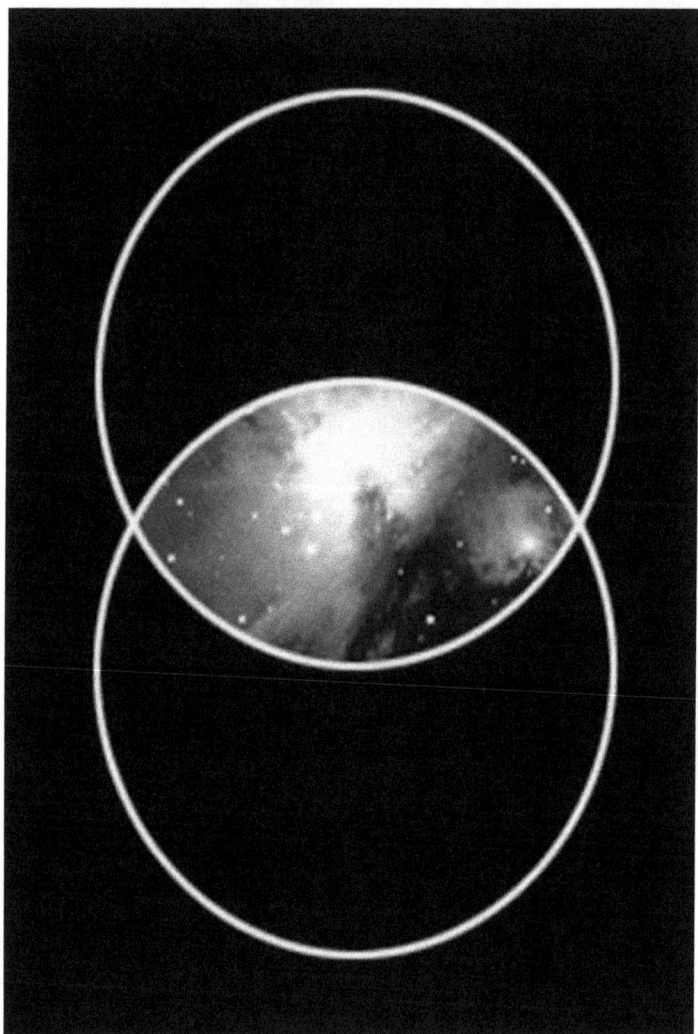

Mandorla

MANDORLA

Στο Μονοπάτι μας της Αναζήτησης για την κατανόηση του Σύμπαντος και του Εαυτού, αλλά και κυρίως, των δυνατοτήτων μας ως όντων αυτού του σύμπαντος, σκοντάφτουμε πολλές φορές πάνω σε Σύμβολα που όχι μόνο μας είναι δυσκολονόητα και απρόσιτα, μα συνάμα, ίσως ακριβώς εξ αιτίας των παραπάνω λόγων, μας γεμίζουν με δέος και ακόμη περισσότερα ερωτηματικά. Ορολογίες που παραπέμπουν σε Σύμβολα, σύμβολα που παραπέμπουν σε νοήματα, λέξεις που ... έχουν χάσει πια κάθε Νόημα. Ωστόσο η Ουσία είναι πάντα εκεί. Παρούσα, αλλά φευγαλέα κι άπιαστη. Ολοζώντανη και συγχρόνως κρυμμένη.

Και όλη αυτή την ομιχλώδη ατμόσφαιρα που έτσι κι αλλιώς είναι αφ εαυτού μυστηριώδης, ενέτειναν ανά τους αιώνες τα ιερατεία και οι όρκοι σιωπής τους, με αόριστους ή σκόπιμα διαστρεβλωμένους υπαινιγμούς. Υπάρχουν όμως και πληροφορίες καταγεγραμμένες στις παραδόσεις και στους μύθους, που μέσα από την συνδυαστική έρευνα, ίσως μας βοηθήσουν να ανασηκώσουμε το *αραχνοΰφαντο πέπλο της κατανόησης*. Βέβαια θα ήταν αστείο να πιστεύουμε πως υπάρχει έστω και η ελάχιστη περίπτωση

53

EIPHNH ΛΕΟΝΑΡΔΟΥ

να καταφέρουμε ποτέ να αποκτήσουμε απόλυτη αντίληψη και γνώση των Πάντων. Όμως θα ήταν επίσης ανόητο αν μέναμε αδιάφοροι μπροστά στο υπέροχα μυστήρια της Ζωής, απλοί θεατές μιας καλά σκηνοθετημένης παράστασης...

Πρώτο μας μέλημα λοιπόν να συνειδητοποιήσουμε και να θυμόμαστε πως τα Σύμβολα αυτά δεν είναι φυσικές πραγματικότητες, παρά μονάχα υποδείγματα και φόρμες ενεργειακών διαμορφώσεων. Δεν υπάρχει κανένα χειροποίητο πέπλο, ούτε πύλες αμπαρωμένες με σιδεριές. Και εμείς, που επιχειρούμε την προσέγγιση, θεωρούμε λανθασμένα πως είμαστε όντα δέσμια στην ύλη!

Όμως τα πράγματα δεν είναι βέβαια τόσο απλά. Δεν είναι μαύρα ή άσπρα, ή τουλάχιστον είναι μέσα σε κάποια πλαίσια. Και υποτίθεται πως ακριβώς αυτά τα πλαίσια επιδιώκουμε να υπερβούμε.

Στην προσπάθεια μας αυτή θα εξετάσουμε ορισμένες έννοιες-σύμβολα προσδοκώντας να μας βοηθήσουν στην χαρτογράφηση της καταλληλότερης, ανάμεσα στο πλήθος των διαδρομών. Και θεωρώ σκόπιμο και σοφότερο να ξεκινήσουμε από το από πολλές απόψεις πλησιέστερο προς εμάς.

Ο κάθε άνθρωπος, ως μοναδικό ον με τις ιδιαιτερότητες του και τις προσωπικές του εμπειρίες, βρίσκεται σ' ένα ξεχωριστό σημείο εξέλιξης και ανάπτυξης. Αυτό ακριβώς το σημείο είναι και το ιδανικό για τον καθένα, να ξεκινήσει μια νέα πορεία. Εκ πρώτης όψεως φαίνεται ίσως παράδοξο, όμως αν ιδωθεί με "την άκρη του ματιού" γίνεται αντιληπτό πως **ο καθένας μας είναι από μόνος του μια πύλη για το εσωτερικό σύμπαν** που ανά πάσα στιγμή οδηγεί σε μια απειρική διασταύρωση επιλογών. Όλοι μας λοιπόν στην όποια ξεχωριστή διασταύρωση στεκόμαστε ο καθένας, έχουμε μπροστά μας μια "επιγραφή", ίσως ξεθωριασμένη σε κάποιες περιπτώσεις, που δείχνει πάντα στην ίδια συγκεκριμένη κατεύθυνση και γράφει **Mandorla**.

Η λέξη είναι ιταλική και σημαίνει αμύγδαλο, η ονομασία δε του συμβόλου οφείλεται στο σχήμα του που είναι αμυγδαλοειδές. Ο ακριβής σχεδιασμός μιας Mandorla προκύπτει από την γεωμετρική κατασκευή του Αριθμητικού μέσου δύο ευθύγραμμων τμημάτων καθώς η περιφέρεια του κάθε κύκλου περνάει από το κέντρο του άλλου. Το κοινό επίπεδο των δύο κύκλων μας δίνει το σχήμα του αμυγδάλου, παγκόσμιου συμβόλου της γονιμότητας.

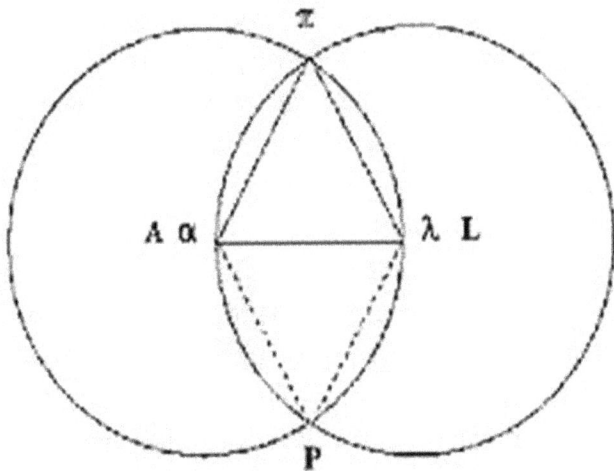

Ως σύμβολο γονιμότητας η Mandorla γίνεται η Πύλη της Ζωής και η προέλευση του είναι πανάρχαια. Χαρακτηριστικές απεικονίσεις αυτού του συμβολισμού έχουμε στις φιγούρες της καθισμένης οκλαδόν Ινδής θεάς Κάλι.

Οι δύο κύκλοι συμβολίζουν δύο πολικά αντίθετα. Φωτιά-νερό, λευκό-μαύρο, ουρανός-γη, αρσενικό-θηλυκό ... Το σύμβολο της Mandorla –η περιοχή όπου το ένα πολικό αντίθετο συγχωνεύεται με το αντίθετο του- μας παραπέμπει στην ιδέα των ολοκληρωμένων αρχέγονων θεών που ήταν, όχι απλά ερμαφρόδιτοι, αλλά συγκέντρωναν κάθε ιδιότητα ως δίπολο.

Για τους Βαβυλώνιους ήταν η θεά Τίαματ που ο Μαρδούκ έκοψε στα δύο και από τα κομμάτια της έφτιαξε τον ουρανό και τη γη. Επίσης η Χαλδαϊκή Ομόρκα, βασίλισσα ανάμεσα στα πρώτα όντα που έχουν όργανα αρσενικά και θηλυκά συγχρόνως. Και πιο γνωστή σ' εμάς η Άγδιστης. *Σύμφωνα με την παράδοση, από το σπέρμα του Δία, που άθελα του σε ώρα ύπνου χύθηκε στη γη, γεννήθηκε τέρας φοβερό, με διπλά γεννητικά όργανα, άντρας και γυναίκα μαζί, η Άγδιστης. Τότε οι θεοί, που φοβήθηκαν τη δύναμη της (!) σαν την πέτυχαν κοιμισμένη, της έκοψαν το αντρικό όργανο. Από αυτό φύτρωσε μια αμυγδαλιά, που όταν γεύτηκε τον καρπό της η κόρη του Σαγγάριου ποταμού, έμεινε έγκυος και έφερε στον κόσμο τον Άττη.*

Η Άγδιστης είναι μια άλλη υπόσταση της Κυβέλης, της Φρυγικής θεότητας της γονιμότητας, που είχε πολλά κοινά γνωρίσματα με την Γη, τη Δήμητρα, την Αφροδίτη, την Αθηνά και την Άρτεμη, την Αδράστεια και την Νέμεση και τελικά ταυτίστηκε με την Ρέα-ροή, Ήρα μεταγενέστερα-την αναμφισβήτητη μητέρα των Ολύμπιων θεών.

Αναλύοντας τον μυθικό συμβολισμό βλέπουμε πως, εφ όσον οι θεοί δεν ήταν παρά προσωποποιήσεις ιδιοτήτων των ενεργειακών δυνάμεων, η Ρέα η μητέρα όλων, ήταν εκείνη η ποιότητα ενεργειακής δύναμης που συμπεριλάμβανε όλες τις ιδιότητες μαζί. Μια απόλυτα ολοκληρωμένη θεότητα, Πηγή Ζωής, απ' όπου ξεπήδησαν οι υπόλοιποι θεοί.

Μια θεότητα που αν θέλαμε να την συμβολίσουμε σχηματικά, οι δύο κύκλοι θα επικάλυπταν απόλυτα ο ένας τον άλλον αντιπροσωπεύοντας έτσι την συνύπαρξη των αντιθέτων. **Αυτή ακριβώς η ενοποίηση (κατά συνέπεια και μετουσίωση) είναι και ο δικός μας σκοπός, ως εξελισσόμενα όντα,** και αυτήν υπονοεί σ' ένα βαθύτερο επίπεδο το σύμβολο της Mandorla.

Αν και η αμυγδαλιά, στον μύθο της Άγδιστης, φυτρώνει μετά τον διαχωρισμό της διπλής της φύσης, η διαρκής ύπαρξη των δύο πολικών αντιθέτων μας δίνει την δυνατότητα της επανένωσης τους. *Κατά συνέπεια είναι εύλογο πως δεν έχουμε παρά να εστιάσουμε προς αυτή την κατεύθυνση την προσοχή και την θέληση μας.*

Μια καταπληκτική εργασία πάνω σε αυτό το θέμα, μας έχει δώσει ο Robert Johnson, ψυχολόγος και μαθητής του Καρλ Γιούνγκ στο βιβλίο του «Σκιά – Αποκαλύπτοντας τη σκοτεινή πλευρά της ψυχής».

Στην εργασία του αυτή ο Johnson επικεντρώνεται στα θεωρούμενα αρνητικά κομμάτια του εαυτού μας, που απωθούμε στα βάθη της ψυχής και μας προτείνει να δουλέψουμε πάνω στο σύμβολο της Mandorla προκειμένου να συμφιλιωθούμε μαζί τους.

Αλλά και στην σωματική μας υγεία μπορεί να συμβάλει η έννοια αυτού του συμβόλου και αυτήν ακριβώς χρησιμοποιεί η Polarity Therapy, ένα σύστημα ολιστικής φροντίδας της υγείας βασισμένο στην κατανόηση της ροής της ενέργειας της ζωής. Εμπνευστής της ήταν ο Αυστριακός Dr Randolph Stone (1890-1981). Όπως μας δείχνει και η ονομασία του συστήματος, βασίζεται στην ισορροπία των ενεργειακών ροών ανάμεσα στους δύο πόλους του φυσικού σώματος.

Λαμβάνοντας υπόψη του την παγκόσμια αρχή της Δημιουργίας από το *πρωταρχικό συμπαντικό ενεργειακό πεδίο* (γνωστό ως *Κοσμικό Ύπνο* για τον Πυθαγόρα, *Κόσμο των Ιδεών* για τον Πλάτωνα, *Αρνητική Ύπαρξη* για τους Καμπαλλιστές, *Νάγαλ* για τους Τολτέκους, *Κβαντικό Κενό* για την σύγχρονη επιστήμη κλπ.) μέσα από το οποίο ξεπηδά το Ένα (+ πόλος) το οποίο χωρίζεται σε Δύο (- πόλος) και εφαρμόζοντας αυτή την αρχή ως πρότυπο, αποκαθιστά την χαμένη ισορροπία στις ενεργειακές ροές που διατρέχουν και αλληλεπιδρούν στο φυσικό σώμα, με αποτέλεσμα την ίαση.

Όμως πέρα από την θεραπεία, που σαφώς είναι σημαντικότατη και προέχει, η Mandorla μας δίνει την δυνατότητα της ολοκλήρωσης ως όντα. Και με αυτήν την έννοια δίνεται από τον χριστιανισμό κάτω από ένα διαφορετικό όνομα.

Περιστρέφοντας το σχήμα των δύο κύκλων κατά ενενήντα μοίρες, το αμυγδαλοειδές vulva της γονιμότητας, το **Κοσμικό Αυγό**, γυρίζει οριζόντια και επεκτείνοντας λίγο τα άκρα του προς τα πίσω παίρνει την μορφή ψαριού. Είναι γνωστό ως **Vesica Piscis** (Κύστη Ιχθύος), και κατά τα χρόνια των διωγμών οι χριστιανοί το χρησιμοποίησαν ως κώδικα της μεταξύ τους αναγνώρισης.

Οι δύο κύκλοι, που τώρα βρίσκονται σε κάθετη διάταξη, αντιπροσωπεύουν για τον Χριστιανισμό τον Ουρανό και την Γη, το Πνεύμα και την Ύλη. Έτσι η Vesica Piscis αντιπροσωπεύει την ένωση του θείου κόσμου με τον ανθρώπινο ή συνηθέστερα τον Χριστό ως Θεάνθρωπο. Η πρότερη πύλη της Φυσικής Ζωής γίνεται έτσι Πύλη για τον Κόσμο του Πνεύματος. Λειτουργεί επομένως και ως σύστημα μύησης και συνένωσης της εκδηλωμένης μας οντότητας με τον Ονειρευτή μας, ως "**τόπος**" **συνύπαρξης του Εαυτού μας ως Όλον.*** Την συναντάμε συχνά να χρησιμοποιείται ως ένα είδος αυρικού ελλειψοειδούς φωτοστέφανου που περικλείει φιγούρες αγίων και άλλες φορές να περικλείει την λέξη ΙΧΘΥΣ. Δηλαδή τα αρχικά της φράσης: Ιησούς Χριστός Θεού Υιός Σωτήρ. Βέβαια η λέξη ΙΧΘΥΣ μας παραπέμπει και στον αστερισμό και την αντίστοιχη εποχή των Ιχθύων, εποχή κατά την οποία εξαπλώθηκε ο χριστιανισμός.

Ωστόσο, σύμφωνα με το Woman's Dictionary of Symbols and Sacred Objects, Ichthys ήταν το όνομα ενός γιου της Atargatis. Της Συριακής γονιμοποιούς θαλάσσιας (Mare) θεότητας, που συγκεντρώνει πολλές και διάφορες ιδιότητες ώστε τελικά γίνεται μια Μεγάλη Μητέρα και δίκαια ταυτίζεται με την Κυβέλη και την Ρέα. Έχει επίσης χαρακτηριστικά που αναγνωρίζονται στην Αφροδίτη και είναι ακόμη γνωστή ως Tirgata, Derceto, Salacia, Pelagia, Delphine. Θεές με μορφή γοργόνας, δηλαδή μισές γυναίκα μισές ψάρι.

Αλλά το δελφύς σημαίνει και μήτρα κι έτσι η απεικόνιση του Ιησού μέσα στην Vesica Piscis υπονοεί την γέννηση του από την Mare-Μαρία. Η απόδοση της Παρθένου Μαρίας με μπλε τήβεννο αντιπροσωπεύει ακριβώς αυτή της την ιδιότητα.

Η Μεγάλη Μητέρα, η Ζωοδόχος Πηγή, ως ολοκληρωμένη θεότητα έχει την δυνατότητα της αυτογονιμοποίησης και έτσι η παρθενογένεση αποκτά ένα άλλο, βαθύτερο νόημα. Όλες οι παρθένες-μητέρες των μυθολογικών και θρησκευτικών παραδόσεων δεν χρειάζονται γονιμοποίηση επειδή συμπεριλαμβάνουν και τα δύο πολικά αντίθετα. Ο κρίνος που μυρίζει η Παρθένος

Μαρία έχει την ίδια συμβολική έννοια με το ρόδο αλλά και τον λωτό που κρατά η Αφροδίτη και που στην Κύπρο λατρεύεται ως Παναγία Αφροδίτισα. Δύο υποστάσεις της ολοκληρωμένης θεότητας που ξαναγίνονται ένα και το αυτό.

Ακόμη ένα κοινό στοιχείο συμβολισμού που προκύπτει μορφολογικά ανάμεσα στην παγανιστική Mandorla και την χριστιανική Vesica Piscis είναι η έννοια της θυσίας. Λόγω σχήματος η πρώτη ταυτίζεται με το αδράχτι, χαρακτηριστικό των θεοτήτων που σχετίζονται με τον αέναο κύκλο της φύσης. Τον αιώνιο κύκλο του θανάτου και της επαναγέννησης. Όλα τα αδραχτοειδή σύμβολα εκφράζουν την γενική ιδέα της αμοιβαίας θυσίας και της δύναμης της αντιστροφής.

Η Mandorla και η Vesica αποτελούν το κέντρο κάθε αντιστροφής. Το πεδίο συνάντησης των αντιθέτων, όμως όχι πια με την έννοια της σύγκρουσης και της αντιπαλότητας, αλλά της συγχώνευσης και της ισορροπίας. *Δεν είναι το έδαφος της γκρίζας ουδετερότητας, είναι ο τομέας της λευκής πολυχρωμίας.*

«Θυμάστε την ιστορία του Μωυσή και της φλεγόμενης βάτου; -γράφει ο Robert Johnson- ……σε αυτήν την ιστορία η βάτος και η φλόγα συμπίπτουν-η βάτος δεν αναλώνεται στις φλόγες και εμείς γνωρίζουμε ότι δύο τάξεις της πραγματικότητας έχουν αλληλεπικαλυφθεί. …Κάθε φορά που μια σύγκρουση αντιμετωπίζεται ως οντότητα και κανένα από τα δύο μέρη δεν ενδίδει στο άλλο (η βάτος δεν αναλώνεται και η φλόγα δεν σταματά να καίει), μπορείτε να είστε βέβαιοι ότι ο Θεός είναι παρών. …Η mandorla είναι ένα πρότυπο επίλυσης συγκρούσεων. Είναι αν το θέλετε, η ίδια η θεραπευτική τέχνη. …Όταν κανείς είναι πολίτης και των δύο κόσμων, ο ουρανός και η γη παύουν να λειτουργούν ανταγωνιστικά.»

Όταν αποδεχθούμε την υπόσταση μας ως ένα συγκερασμό πνεύματος και ύλης, όταν αναγνωρίσουμε την οντότητα μας ως το αδιάσπαστο σύνολο της συνείδησης και του σώματος μας, τότε έχουμε επιτύχει την δημιουργία μιας ψυχολογικής Mandorla. Έχουμε ανοίξει μια πνευματική πύλη ανάμεσα στους κόσμους.

Εφόσον ο ένας κύκλος αντιπροσωπεύει το πνεύμα και ο άλλος το σώμα, η Vesica Piscis είναι το ενοποιητικό τους στοιχείο, η ψυχή. Με την έννοια της πνευματικής πύλης προς την ψυχή την συναντάμε και στον ισλαμισμό ενώ κατά τον Μεσαίωνα και την Αναγέννηση χρησιμοποιήθηκε και σαν ένα Μάτι, με την πνευματική σημασία της όρασης στον καθρέφτη της ψυχής.

Με την ίδια ακριβώς ορολογία, ως *Μάτι -του Αετού-*, συναντάμε την έννοια της Mandorla στις παραδόσεις των Τολτέκων οι οποίες χρησιμοποιούν τον χαρακτηριστικό όρο *Συμπεριεκτικότητα* για να αποδώσουν τις ιδιότητες του Συμβόλου και τον όρο *Ευφυής Συνεργασία* για την τεχνική επανένωσης μας με τους Ονειρευτές μας. Αυτή η ταύτιση μας ανοίγει ένα καινούργιο Μονοπάτι όμως, προς το παρόν, υπάρχει άλλη μια προέκταση του συμβολισμού που οφείλουμε να προσεγγίσουμε. Και κατά την γνώμη μου, είναι ιδιαίτερα σημαντική επειδή αποδίδει στην πράξη όση γνώση αποκτήσαμε από την θεωρία. Είναι η ενεργοποίηση του **Μερκαμπά** του φωτεινού, κατά την εσωτερική παράδοση, "οχήματος" της Συνείδησης μας.

Η ονομασία προέρχεται από τα αιγυπτιακά καθώς το Μερ σημαίνει φως, το Κα πνεύμα και το Μπα σώμα. Είναι δηλαδή ένα **φωτεινό πνευματικό σώμα**. Πιθανότατα αυτό που με διαφορετική ορολογία ονομάζουμε Νοητικό σώμα και βέβαια δεν θα έπρεπε να το συγχέουμε με το αστρικό, το οποίο ανήκει σε σφαίρα χαμηλότερων δονήσεων.

Θα μπορούσαμε να το απεικονίσουμε στην φαντασία μας ως ένα συνειδησιακό φορέα, από αντίστροφα περιστρεφόμενα πεδία φωτός. Ή ακόμη, να νοιώσουμε τις αντίθετα φορτισμένες δίνες του βιοενεργειακού πεδίου μας να περιστρέφονται, η καθεμία μέσα και γύρω από την άλλη.

Έχοντας ασκηθεί και έχοντας κατακτήσει την νοητική και ψυχολογική ισορροπία ανάμεσα στην σκοτεινή και φωτεινή μας υπόσταση με την βοήθεια του αρχετυπικού συμβόλου της Mandorla, έχει έρθει η στιγμή να εδραιώσουμε την ολοκληρωμένη οντότητα μας ενεργοποιώντας το Μερκαμπά.

Παρενθετικά εδώ να υπενθυμίσουμε ότι, δεν αρκεί να κατακτήσουμε μια κατάσταση συνείδησης αλλά πρέπει και να την διατηρήσουμε. Αυτό σημαίνει πως γίνεται τρόπος ζωής και έτσι στηριζόμενοι σε αυτή την νέα βάση, μπορούμε να συνεχίσουμε να εξελισσόμαστε σταθερά.

Βασικά σημαίνει συνεχή εγρήγορση και αυτοέλεγχο-*η Τέχνη της Παραφύλαξης των Τολτέκων*- και βέβαια την επιλεκτική απόρριψη των παλαιών ανεπιθύμητων προτύπων, κάτι που μας επισημαίνει η έννοια της θυσίας στην οποία αναφερθήκαμε προηγουμένως.

Για την επίτευξη της ενεργοποίησης του Μερκαμπά υπάρχουν παραδοσιακές τεχνικές που στηρίζονται στον διαλογισμό της ''σφαιρικής αναπνοής'' η οποία βασίζεται σε δεκαοκτώ αναπνοές.

Ο Δ. Ευαγγελόπουλος μας πληροφορεί ότι *«Οι πρώτες έξι είναι για την ισορροπία της πολικότητας και οι επόμενες επτά για την σωστή πρανική ροή δια μέσου ολόκληρου του σώματος. Οι επόμενες είναι για τη μετάβαση της συνείδησης από την 3ⁿ στην 4ⁿ διάσταση και οι τρεις τελευταίες για την αναδημιουργία του περιστρεφόμενου Μερκαμπά μέσα και γύρω από το σώμα μας.»*

Όμως ακόμη και αν δεν ακολουθήσουμε κάποια συγκεκριμένη τεχνική, έχοντας και μόνο συνειδητοποιήσει την έννοια της αλληλοεπικάλυψης των πολικών αντιθέτων και εργαζόμενοι μέσα στην καθημερινότητα μας για την επίτευξη του νέου τρόπου ζωής, έχουμε κάνει το πιο σημαντικό βήμα προς την μετουσίωση μας ως Ολοκληρωμένα Θεϊκά Όντα. Η ενεργοποίηση του Μερκαμπά θα έρθει εν καιρώ, ως φυσική απόρροια της όλης προσπάθειας, αρκεί αυτή να είναι διαρκής και σταθερή.

Όμως τι μπορούμε να κάνουμε μέσα στην καθημερινότητα μας προκειμένου να ζήσουμε σύμφωνα με το αρχέτυπο της Mandorla;

Ο R. Johnson μας εξηγεί πως η διατήρηση της ισορροπίας είναι ένας από τους βασικότερους κανόνες του Σύμπαντος, ακόμη και αν μας είναι αδύνατο σε πολλές περιπτώσεις να αντιληφθούμε τους μηχανισμούς με τους οποίους αυτή επιτυγχάνεται. Αυτό όμως δεν μας εμποδίζει στο ελάχιστο να τον θέτουμε συνειδητά σε εφαρμογή, από τις πιο απλές περιπτώσεις έως τις πλέον σύνθετες.

Μπορεί να περάσατε υπέροχα στην εκδρομή της Κυριακής, όμως το βράδυ η σκέψη της εργάσιμης Δευτέρας σας φορτώνει με άγχος και εκνευρισμό. Αυτή είναι η κλασική αντιμετώπιση σε ένα κλασικό παράδειγμα. **Αντιστρέψτε την οπτική σας** και αυτόματα θα ανακαλύψετε πως η εργασία σας είναι εκείνη που σας έδωσε την δυνατότητα να αντιμετωπίσετε τα έξοδα της εκδρομής. Αν πηγαίνατε εκδρομές καθημερινά δεν θα διαφέρατε και πολύ από τον οδηγό ενός τουριστικού λεωφορείου και κάποτε, όσο καλά και αν περνούσατε θα κουραζόσασταν και θα θέλατε να μείνετε σπίτι.

Φαντάζομαι πως οι περισσότεροι έχετε ενστάσεις για το παράδειγμα, προσωπικά θα ήθελα να έχω την ευκαιρία να κουραστώ από τις πολλές εκδρομές, αλλά τελικά κάποτε όλοι θα φτάναμε στο αντίθετο άκρο μη τηρούμενης της ισορροπίας!

Η αντίστοιχη οπτική μπορεί να εφαρμοστεί σε κάθε πλευρά, σε κάθε συμβάν της ζωής μας.

Αν είμαστε συνειδητοί αναγνωρίζουμε εύκολα τα αντίβαρα και το σπουδαιότερο μπορούμε να τα επινοούμε!

Αν πήρατε αύξηση κάντε δώρα σε αγαπημένους και μη, ώστε να ισορροπήσετε την κατάσταση. Ή μήπως είναι κάτι που το κάνετε ήδη αλλά αγνοείτε τον σκοπό του;

Πέρασε το παιδί σας στις εξετάσεις! Μήπως ανάβετε κερί στην εκκλησία; Ή το είχατε ανάψει προκαταβολικά; Αναρωτηθήκατε γιατί -θυσιάζουμε- το κερί προκειμένου να μας συμβεί κάτι καλό;

Τα παραδείγματα είναι άπειρα, τόσο για το εξωτερικό όσο και για το εσωτερικό Σύμπαν. Εκείνο όμως που θα καθορίσει την πρόοδο μας είναι το κατά πόσο θα βάλουμε σε εφαρμογή αυτή την πανάρχαια γνώση και πόσο έξυπνα θα την χειριστούμε. Βλέπετε, είναι καθαρά στο χέρι μας αν θα συνεχίσουμε να καθόμαστε και να "βράζουμε στο ζουμί μας" μουτζουρώνοντας κυκλάκια στο χαρτί ή αν θα πάρουμε τα **πολύχρωμα** μολύβια μας και θα ζωγραφίσουμε την δική μας Mandorla!

* Σημείωση

Όπως είχαμε επισημάνει στο κεφάλαιο για την «Α.Ο.Υ.» και σύμφωνα με την παράδοση των Τολτέκων, η φυσική μας ενσάρκωση είναι απόρροια του Ονειρέματος των Ονειρευτών, ή με άλλη ορολογία, της Ατομικής Ουσιαστικής Ύπαρξής μας.

Η Α.Ο.Υ. μας είναι ερμαφρόδιτη. Ενέχει δηλαδή σε ένα Όλον και τις δύο πολικότητες. Αναπαριστώντας την Α.Ο.Υ. με το σύμβολο της Mandorla οι δύο κύκλοι δεν έχουν ακόμη χωριστεί.

Όμως το συναρπαστικότερο είναι πως χρησιμοποιώντας το σύμβολο ως οδηγό μας μπορούμε να ξεκινήσουμε την *Δημιουργία* μιας Mandorla μαζί της!

Τοκ! Τοκ!

Ποιος κτυπά;

Ο ΕΝΟΙΚΟΣ ΣΤΟ ΚΑΤΩΦΛΙ

Να του ανοίξουμε;

Ένοικος (στο Κατώφλι): Ένας όρος που επινοήθηκε από τον Edward Bulwer Lytton στο έργο του *Ζανόνι.* Αλλά στον Αποκρυφισμό η λέξη ''Ένοικος'' είναι ένας όρος που χρησιμοποιείται από τους σπουδαστές εδώ και αιώνες και αναφέρεται σε ορισμένα κακόβουλα αστρικά *Διπλά* νεκρών ατόμων.

Ε.Π. Μπλαβάτσκυ

Ωστόσο, ο Ένοικος στο Κατώφλι, είναι πολλά περισσότερα από το ...λήμμα ενός λεξικού! Είναι πολλά περισσότερα απ' όσα θα μπορούσε να γράψει ποτέ κανείς ακόμη και στη διάρκεια μιας ολόκληρης ζωής! Δεν ευελπιστώ να σας τον συστήσω λοιπόν, πώς θα μπορούσα άλλωστε, παρά μόνο να σας μιλήσω γι αυτόν. Αφ' ενός μεν γιατί αργά ή γρήγορα –και επιβεβαιωμένα– θα σας χτυπήσει την πόρτα και αφ' ετέρου γιατί είναι «ζουμερό» θέμα!

Ας ξεκινήσουμε τυπικά και ανώδυνα κάνοντας μια μικρή αναφορά στον Λόρδο Edward Bulwer Lytton (1803-1873) ο οποίος και έκανε ευρύτερα γνωστό τον όρο *Ένοικος* (dweller).

Ο Edward Lytton σπούδασε στο Trinity College του Cambridge και διετέλεσε κρατικός γραμματέας των αποικιών, αλλά διέπρεψε ως θεατρικός συγγραφέας και μυθιστοριογράφος. Μια από τις ιδιαιτερότητες του ήταν το πάθος του για τις απόκρυφες μελέτες. Ανήκε στο τάγμα των Ροδόσταυρων και συναναστρέφονταν με πνευματιστικούς κύκλους ενώ λέγεται ότι ήταν μάγος και ο ίδιος. Άλλωστε οι αποκρυφιστικές γνώσεις του είναι πρόδηλες στο συγγραφικό του έργο το οποίο είναι πλούσιο και ποικίλο. Ορισμένα από τα έργα του είναι «Οι τελευταίες ημέρες της Πομπηίας» (1834), «Αθήνα, η άνοδος και η πτώση» (1837-ιστορικό), «Η Επερχόμενη Φυλή» (1871), «Ζανόνι» (1842).

Ο Ένοικος στο Κατώφλι, στο «Ζανόνι» του Lytton, είναι μια φρικαλέα μορφή καλεσμένη από την απερισκεψία ενός επιπόλαιου μαθητή του αποκρυφισμού και, όπως μας πληροφορεί η Ε. Μπλαβάτσκυ, ο όρος παραδοσιακά αναφέρεται σε ορισμένα κακόβουλα αστρικά Διπλά νεκρών ατόμων.

Το «αστρικό Διπλό», είναι μια έκφραση που χρησιμοποιείται για να ορίσει το μη υλικό μας σώμα, αυτό που γενικά ονομάζουμε «αιθερικό αντίτυπο» ή «σκιά» του ανθρώπου, αλλά *κάτω από συγκεκριμένες συνθήκες*.

Όπως είδαμε σε προηγούμενο κεφάλαιο, διαθέτουμε περισσότερα από ένα μη υλικά σώματα. Εδώ ας σας θυμίσω, πως κάθε «σώμα» δεν είναι παρά ένα ενεργειακό πεδίο που δονείται στην δική του συχνότητα και πως αυτά τα πεδία εμπλέκονται μεταξύ τους και βρίσκονται σε διαρκή αλληλεπίδραση. Το «αστρικό» είναι αυτό που βρίσκεται πλησιέστερα στο υλικό πεδίο, από άποψη συχνότητας.

Η Dion Fortune, αναφερόμενη στις ψυχικές επιθέσεις, γράφει: «...*ο νους επηρεάζει το σώμα μέσω του αιθερικού διπλού... ...που είναι σχεδόν υλικό ή τουλάχιστον αρκετά υλικό, ώστε να αφήνει μελανιές στο σώμα του θύματος, να μετακινεί έπιπλα... ή τουλάχιστον να προκαλεί αρκετό θόρυβο.*»

Ας δούμε όμως τις ιδιότητες που έχει ένα «Διπλό» και την λειτουργία του, έτσι όπως μας δίνονται από τις εσωτερικές παραδόσεις, καθώς και την σχέση του με το Doppelgänger (σωσίας), ένα άλλο όνομα που χρησιμοποιείται για τον Ένοικο στο Κατώφλι. Οι αρχαίοι Έλληνες το ονόμαζαν *Είδωλον* και το θεωρούσαν το ζωτικό και πρωτότυπο σώμα, την αντανάκλαση του ανθρώπου της σάρκας.

Σύμφωνα με την Ανθρωπογένεση από το Μυστικό Βιβλίο του Ντζιάν (Στάντζα IV, Σλόκα XVII): ...*Η Πνοή (ανθρώπινη Μονάδα) χρειάζονταν ένα καθρέφτη του σώματος της* (αστρική σκιά). «*Της δίνουμε τον δικό μας*» είπαν οι Ντχγιανι. *Η Πνοή χρειάζονταν ένα φορέα επιθυμιών* (Κάμα Ρουπά). «*Τον έχει*», είπε ο Αποξηραντής των Υδάτων (Σούτσι, το πυρ του πάθους και του ζωώδους ενστίκτου). Οι επεξηγήσεις εντός των παρενθέσεων είναι της Ε. Μπλαβάτσκυ, η οποία σημειώνει πως τα πάθη και οι επιθυμίες του Κάμα Ρουπά είναι τα δύο στοιχεία του Αχανκάρα, τα οποία αναπτύσσουν την ατομικοποιημένη συνείδηση, το προσωπικό εγώ. Και Αχανκάρα, είναι η Αντίληψη του Εγώ. Η Προσωπικότητα, ο Εγω-ισμός.

Ως Κάμα Ρουπά το συναντάμε στον εσωτερικό Βουδισμό. Ρουπά σημαίνει σώμα και Κάμα είναι ο Θεός του Έρωτα, αλλά και η αρνητική του πλευρά. Η κακή επιθυμία, ο πόθος, το πάθος για ύπαρξη και σ᾽

αυτή την περίπτωση ταυτίζεται με τον Μάρα, τον Θεό του Πειρασμού ή Παραπλανητή.

Κάμα Ρουπά είναι λοιπόν το Σώμα των ζωικών βουλήσεων και των συναισθημάτων, ή αλλιώς το ενεργειακό πεδίο που τα συγκρατεί. Στην Επταδική διαίρεση του Ανθρώπου, που υιοθετεί ο Βουδισμός, «...κάθε φορά που το αθάνατο Εγώ ενσαρκώνεται, γίνεται, σαν σύνολο, μια σύνθετη μονάδα Ύλης και Πνεύματος, που μαζί δρουν πάνω σε επτά διαφορετικά πεδία ύπαρξης και συνείδησης.» Σ' αυτήν την διαίρεση καταλαμβάνει την τέταρτη θέση, ξεκινώντας από το υλικό, και χαρακτηρίζεται ως «...η αρχή της ζωικής επιθυμίας, η οποία καίει μανιασμένα στη διάρκεια της ζωής στην ύλη, καταλήγοντας σε κορεσμό· είναι αδιαχώριστη από τη ζωική ύπαρξη.»

Για τους μελετητές της Δυτικής Καμπαλά αποδίδεται με τον όρο «Ρούαχ» και στην Αιγυπτιακή Βίβλο των Νεκρών αντιστοιχεί στο «Άκου», την προσωπική διάνοια ή αντίληψη.

Και για να μην πελαγοδρομούμε μέσα στις ορολογικές ετικέτες των διαφόρων παραδόσεων ας κρατήσουμε, συνοψίζοντας, πως ανάμεσα στα ενεργειακά πεδία που συγκροτούν το ανθρώπινο ον υπάρχει και ένα που δομείται και λειτουργεί ως **φορέας των άλογων επιθυμιών ανάπτυξης και διατήρησης της προσωπικής ζωικής ύπαρξης.** Πιο απλά θα μπορούσαμε και να το χαρακτηρίσουμε ως ένα βασικό ένστικτο. Είναι αυτό που μας οδηγεί σε πράξεις προσωπικής πρόταξης και άμιλλας.

Και ως εδώ όλα καλά, μόνο που υπάρχει και η άλλη πλευρά του νομίσματος. Διότι ως όντα λογικά, κοινωνικά και πολιτισμένα έχουμε αποφασίσει πως είναι απαραίτητο και θεμιτό να χαλιναγωγούμε τα άλογα ένστικτα μας.

Φαίνεται όμως πως, εκείνα, έχουν διαφορετική άποψη! Και αυτή η αναπόφευκτη εσωτερική σύγκρουση φορτίζει συνεχώς το πεδίο-φορέα τους, κάτι που έχει σαν αποτέλεσμα την ενδυνάμωση του. Όπως άλλωστε ξέρουμε και από την επιστήμη της φυσικής, κάθε φόρτιση πεδίου επιφέρει αντίστοιχη ενίσχυση του.

Το τελικό αποτέλεσμα; Ένας «Ένοικος στο Κατώφλι» της μη –κατά κανόνα– συνειδητής Αντίληψης! Ένας «Άλλος» εαυτός μας, σκοτεινός και άγνωστος και συνήθως διαμετρικά αντίθετος από αυτόν που προβάλουμε.

Ένας Άλλος που είναι ακριβώς ό,τι δεν είμαστε εμείς. Που, κάτω από ακραίες συνθήκες, μπορεί να μας οδηγήσει στο σκοτάδι της τρέλας ή και στο φως της ελευθερίας!

Λέγεται πως ο Ρ. Α. Γκυ ντε Μωπασάν κατέρρευσε διανοητικά ακριβώς εξ αιτίας της «παρουσίας» αυτού του Άλλου του εαυτού, που τον καταδίωκε τα τελευταία χρόνια της ζωής του.

«Χωρίζουμε τον εαυτό σε ένα εγώ και σε μια σκιά επειδή ο πολιτισμός αξιώνει να συμπεριφερόμαστε με έναν ορισμένο τρόπο... Το εγώ είναι αυτό που είμαστε και αυτό που γνωρίζουμε συνειδητά. Η σκιά είναι το μέρος εκείνο του εαυτού μας που δεν μπορούμε ούτε να δούμε ούτε να γνωρίσουμε... Όταν η σκιά αυτονομείται, γίνεται ένα τρομερό τέρας μέσα στο ψυχικό μας ενδιαίτημα.» γράφει ο ψυχολόγος R. A. Johnson, ενώ η Dion Fortune διευκρινίζει: *«Η ''Σκιά'' της ψυχολογίας του Γιουνγκ δε θα πρέπει να συγχυσθεί με τον ''Ένοικο στο Κατώφλι''*.

Η Σκιά αντιπροσωπεύει το υποσυνείδητο της παρούσας ενσάρκωσης, παρόλο που φυσικά επηρεάζεται από τις προηγούμενες ζωές. Η ''Αντιμετώπιση της Σκιάς'' υποδηλώνει την αντίληψη της πραγματικότητας του υποσυνείδητου νου και την αποδοχή του υλικού (συστατικού) που συχνά διαφοροποιείται από εκείνο του συνειδητού νου...[1]

Ο ''Ένοικος στο Κατώφλι'', όπως χρησιμοποιείται στην ορολογία μας, αντιπροσωπεύει ολόκληρο το παρελθόν του ατόμου, όλα όσα το έφτιαξαν όπως είναι. Επομένως, είναι η συσσώρευση όλων των ''Σκιών'' του... η ανάδυση του αντιθετικού του χαρακτήρα μέσα από μια φαινομενικά ανεξάρτητη ζωή... Το ''Αντίκρισμα του Ενοίκου στο Κατώφλι'' είναι η αντιμετώπιση από μέρους του ανθρώπου ολόκληρου του παρελθόντος του και απαιτεί την πλήρη αποδοχή του καθώς και όλων όσα έκαναν τον άνθρωπο αυτό που είναι σήμερα... Ο ''Ένοικος στο Κατώφλι'' μπορεί να γίνει αντικείμενο οραματιστικής εμπειρίας, και δε θα πρέπει να μπερδευτεί με τις αγγελικές ή στοιχειακές μορφές του συνηθισμένου τύπου.»

Το απαραίτητο της αντιμετώπισης του το συναντάμε και στην Θιβετανική Βίβλο των Νεκρών, στην οποία, οι όψεις αυτού του «Άλλου» εαυτού εμφανίζονται ως οι «Οργισμένες Θεότητες» *...περιβαλλόμενες με φλόγες, οργισμένες, αιμοδιψείς...*

«Το αίμα συμβολίζει τη Σανγκσαρική ύπαρξη. Η δίψα του αίματος, τη δίψα για σανγκσαρική ύπαρξη. Για το ζηλωτή, ο οποίος –ακόμη και σε αυτό το στάδιο– μπορεί να φτάσει να κατανοήσει ότι οι θεότητες αυτές δεν είναι παρά οι καρμικές προσωποποιήσεις των δικών του ροπών, γεννημένων από τη ζωή και το μεθύσι της ζωής και ο οποίος έχει τη μεγάλη δύναμη να τις αντιμετωπίσει ακλόνητος... σαν παλιούς γνώριμους και ύστερα, εγκαταλείποντας την προσωπικότητα του, να βρει μέσα τους τη φώτιση για την πραγματική φύση της σανγκσαρικής υπάρξεως...»

Όμως, σύμφωνα πάντα με το Μπάρντο Τοντόλ, οι «Οργισμένες Θεότητες» είναι μονάχα οι «Ειρηνικές Θεότητες» *με αλλαγμένη την όψη*. Και αυτό μας οδηγεί σε μια άλλη οπτική γωνία του θέματος.

Στο Καμπαλιστικό Δέντρο της Ζωής έχουμε σαν σημεία αναφοράς τις δέκα Σεφιρώθ, που για το Μικρόκοσμο αντιπροσωπεύουν δέκα διαφορετικές καταστάσεις συνείδησης. Καμία όμως Σεφίρα δεν μπορεί να υπάρξει χωρίς την αντιθετική της. Αυτές οι αντίθετες όψεις ονομάζονται Κλιπώθ και στην Εβραϊκή Καμπαλά, εκτός των άλλων, τους αποδίδεται το νόημα ως «*...κελύφη των νεκρών ανθρώπινων όντων, όχι το φυσικό σώμα αλλά τα απομεινάρια της προσωπικότητας μετά την αποχώρηση του πνεύματος.*»

Πρέπει να γίνει κατανοητό πως οι Κλιπώθ δεν αποτελούν ανεξάρτητες αρχές ή παράγοντες στο Κοσμικό Σχέδιο και στην δομή της Συνείδησης, αλλά την ανισόρροπη και καταστροφική όψη των αντίστοιχων Σεφιρώθ.

Για παράδειγμα, αν είναι κάποιος ορμητικός και ενεργητικός έχει την τάση –μη τηρούμενου του αυτοελέγχου– να καταλήγει στη σκληρότητα και την καταπίεση. Ή αν είναι ήρεμος και μεγαλόκαρδος να υποκύπτει στον πειρασμό της απόλυτης ελευθερίας και της αδράνειας.

Και βέβαια το Κλειδί, βρίσκεται στην λέξη *ΙΣΟΡΡΟΠΙΑ*. Τηρούμενης της ισορροπίας αποφεύγεται η υπερφόρτιση και η ενίσχυση του ενεργειακού πεδίου που δομείται από τις άλογες επιθυμίες της ζωικής ύπαρξης. Ως όντα κοινωνικά, ναι οφείλουμε να ελέγχουμε τις ζωώδεις τάσεις μας, ωστόσο είναι ολέθριο να τις αποποιούμαστε και να τις κρύβουμε από τον συνειδητό εαυτό μας! Να αρνούμαστε την ύπαρξη τους και να φοβόμαστε την δύναμη τους.

ΕΙΡΗΝΗ ΛΕΟΝΑΡΔΟΥ

Είμαστε πρώτα και κυρίως αυτές και έπειτα η λογική μας.

Παρ' όλα αυτά η λογική μας είναι εκείνη που μας δίνει την ικανότητα της διάκρισης και της νηφαλιότητας και αυτός θα έπρεπε να είναι και ο ρόλος της. Είναι αυτή που μπορεί να διατηρεί τις ισορροπίες, αλλά είμαστε εμείς που θα πάρουμε την απόφαση για το αν θα της δώσουμε την εντολή να το κάνει.

Και μια και μιλήσαμε για ισορροπίες, ας κάνουμε μια βουτιά σε πιο σκοτεινά νερά. Εκεί όπου η λογική μοιάζει με μια αχνή αντανάκλαση και η παρουσία της «φρικαλέας» μορφής του «Ενοίκου», παρήγορη! Εκεί όπου οι πάντα συγκρουόμενες και ταραχώδεις Τυφωνικές αρχές της διαφοροποιημένης χαοτικής ύλης στο Σύμπαν ή στον Άνθρωπο *«κλέβουν τη λογική από την ψυχή»* όπως λέει και η Αιγυπτιακή Βίβλος των Νεκρών.

Ο Τυφώνας είναι μια όψη, ή σκιά, του Όσιρη. Όσο αυτοί οι δυαδικοί θεοί, σύμβολα αγαθού και αναγκαίου κακού, φωτός και σκότους, κρατιούνται στενά σύμμαχοι αντιπροσωπεύουν τον ενοποιημένο εσωτερικό θεό. Όταν όμως χωριστούν σε δύο οντότητες, η καθεμιά με τα δικά της ιδιαίτερα χαρακτηριστικά, γίνονται αντίστοιχα οι αντίθετοι πόλοι του καλού και του κακού. Δύο ανεξάρτητες οντότητες-δυνάμεις για το σύμπαν, δύο διαφορετικές προσωπικότητες για τον άνθρωπο. Όταν ο Τυφώνας-Σετ τεμαχίζει τον Όσιρη μένει χωρίς την αντισταθμιστική του αγαθή και φωτεινή δύναμη, διαποτισμένος από το κακό και το σκοτάδι.

Και η ψυχολογική αντίδραση σ' αυτό το διχασμό γεννάται αυτόματα, ακολουθώντας δυο διεξόδους.

Τον κατευνασμό ή τον εξορκισμό του κακού.

Όταν ο Τυφώνας έφυγε νικημένος από τη μάχη με τον

Ώρο, ταξίδεψε για επτά ημέρες πάνω στη ράχη ενός γαϊδάρου και έτσι καταλήγει να λατρεύεται με αυτή τη μορφή. Το όνομα αυτού του γαϊδάρου είναι Αώ ή Ιάω,[2] όπου τα φωνήεντα μιμούνται το γκάρισμα του ζώου. Ας μην μπερδέψουμε το «Ιάω» με το «Ιαώ». Το δεύτερο σχετίζεται με τον Μίθρα που λατρεύονταν κάτω από αυτή την επωνυμία, αλλά το συναντάμε και σε κάποιες Γνωστικές αιρέσεις καθώς στην πορεία του χρόνου ταυτίστηκε με τον Ώρο και μεταγενέστερα με τον Ιεχωβά. Ο Διόδωρος ο Σικελιώτης αναφέρει στη Βιβλική Ιστορία ότι «οι Ιουδαίοι διηγούνται πως ο Μωυσής ονόμαζε το Θεό Ιαώ».

Την κραυγή «Ιώ» την συναντάμε στα διονυσιακά όργια (ο Διόνυσος ταυτίζεται με τον Όσιρη) και το «Ιά»... στην «μυθολογία» Κθούλου. Λατρευτικές τελετές εξευγενισμού κερασφόρων θεών, και αν αναρωτιέστε την μεταξύ τους σχέση, ο τράγος ήταν αφιερωμένος από τους Αιγύπτιους στον Τυφώνα. Η άλλη διέξοδος! Ο αποδιοπομπαίος τράγος... Πάνω στο κεφάλι αυτού του τυφωνικού τράγου εξομολογούνταν τις αμαρτίες τους και τις εξόρκιζαν, αποπέμποντας τον στην έρημο.

Όμως οι επιπτώσεις της διάσπασης των δυαδικών θεών δεν περιορίζονται στην ανθρώπινη ψυχολογία. Εκεί απλά καταλήγουν και γίνονται, παραδοσιακά, *«οι φοβεροί αγώνες που περιμένουν τον υποψήφιο για μύηση. Αγώνες ανάμεσα στον εαυτό του και στα προσωποποιημένα ανθρώπινα πάθη του, που ο εσωτερικός φωτισμένος άνθρωπος πρέπει είτε να τα φονεύσει είτε να αποτύχει».* Οι επιπτώσεις είναι πρωτίστως κοσμολογικές, οι αναταράξεις του έρποντος Χάους, και αντικατοπτρίζονται στους ουράνιους πολέμους των μυθολογιών και στη συνέχεια στις θρησκευτικές παραδόσεις. Ο Τυφώνας γίνεται Δράκοντας και Όφις και σκοτώνεται από τον αρχάγγελο Μιχαήλ και τον Άγιο Γεώργιο αντίστοιχα. Ο Ώρος ταυτίζεται με τον Άνουβη και ο δεύτερος παριστάνεται με θώρακα και ακόντιο να σκοτώνει ένα δράκοντα που έχει κεφάλι και ουρά φιδιού...

Σας μπέρδεψα; Αναρωτιέστε ποιος είναι ποιος; Είναι πολύ απλό. Εμείς, οι πολιτισμένοι, μπορεί να πάψαμε να σκαρφαλώνουμε στις ραχούλες –με συγχωρείτε για την έκφραση– «γκαρίζοντας», αλλά αυτό δεν σημαίνει... ή μάλλον εξ αιτίας αυτού, έχουμε ακόμη μεγαλύτερη ανάγκη να αναγνωρίσουμε και να εξευμενίσουμε την σκοτεινή μας πλευρά. Ο «Ένοικος» δεν είναι de facto υπαρκτός! Όμως για να τον περάσουμε στην ανυπαρξία χρειάζεται να αποδεχθούμε την πιθανότητα της ύπαρξης του! Αυτός κι εμείς μπορούμε να είμαστε ένα, και αυτό είναι που πρέπει να κατανοήσουμε. Και να αναλάβουμε την ευθύνη του εαυτού και των πράξεων μας και κατά συνέπεια της προσωπικής μας δύναμης.

Όμως! Ακόμη κι αν δεν δεχόμαστε την θεωρία των επαναγεννήσεων ή αν αυτή η θεωρία είναι βασισμένη σε λάθος εκτιμήσεις και επιδέχεται μια διαφορετική ερμηνεία, το σίγουρο είναι πως σε αυτήν εδώ την ζωή έχουμε κιόλας συσσωρεύσει, από την νηπιακή μας ηλικία έως σήμερα, αρκετή «Σκιά» για να σέρνουμε πίσω μας.

Αν δεχθούμε και την συσσώρευση των Σκιών από «άλλες» μας ζωές, το ζήτημα γίνεται ακόμη πιο «καυτό», κάτι σαν τον Σιμούν της ερήμου...

Και σαφώς το ζητούμενο είναι τι μπορούμε να κάνουμε από εδώ και τώρα. Ευτυχώς, όντας στο Υλικό Επίπεδο, έχουμε ένα μεγάλο πλεονέκτημα αυτό της *χρονικής καθυστέρησης της υλοποιητικής ικανότητας*. Η ασφαλιστική δικλείδα των φυσικών νόμων, αυτό που για όλους τους επίδοξους Μάγους είναι η εκνευριστική τροχοπέδη τους, ιδωμένο από άλλη σκοπιά δεν είναι παρά η δυνατότητα που μας δίνεται για ασφαλέστερους πειραματισμούς. Όσο πιο συνειδητά βιώνουμε αυτή την κατάσταση τόσο περισσότερες ευκαιρίες έχουμε για διορθωτικές κινήσεις στην εξελικτική μας πορεία. Ωστόσο επειδή δεν πρέπει να θεωρούμε τον Χρόνο που μας απομένει ποτέ επαρκή, χρειάζεται άμεση και συνεχής κινητοποίηση μόλις αποκτήσουμε αυτή την επίγνωση.

Στην προκειμένη περίπτωση έχουμε έναν σημαντικό «συνεργάτη» για να μας βοηθήσει στην αποκρυπτογράφηση των κωδικοποιημένων μηνυμάτων που μας στέλνει ο δικός μας «Ένοικος» ώστε να καταφέρουμε να επικοινωνήσουμε μαζί του πριν αντιδράσει με καμιά ...κατάληψη! Κυριολεκτικά και μεταφορικά. Και με το δίκιο του άλλωστε γιατί σε τελική ανάλυση, μάλλον «Συγκάτοικος» έπρεπε να είναι!

Και ο συνεργάτης δεν είναι παρά το ίδιο μας το υλικό σώμα και το σώμα μας δεν ψεύδεται ποτέ! Αντανακλά ό,τι πραγματικά μας συμβαίνει σε υποσυνείδητο επίπεδο. Μέσω παθολογικών σωματοποιήσεων ο «Ένοικος» μας στέλνει από την δική του πλευρά του συνειδησιακού κατωφλιού τις «προτάσεις», τις «αιτήσεις» και τις «επιστολές διαμαρτυρίας» του! Αν εμείς συστηματικά τον αγνοούμε ε, κακό του κεφαλιού μας.

Υπάρχουν πολλές εναλλακτικές μέθοδοι αντιμετώπισης αυτών των σωματοποιήσεων (μουσικοθεραπεία, δραματοθεραπεία κλπ) αλλά δεδομένου ότι εμείς αποσκοπούμε σε κάτι πολύ βαθύτερο χρειάζεται να δουλέψουμε μόνοι μας. Και πριν αναφερθούμε στην διαδικασία που μπορούμε να ακολουθήσουμε για την επίτευξη του στόχου μας, θεωρώ σκόπιμο να επισημάνω πως πρακτικές όπως την ύπνωση και την λήψη ομοιοπαθητικών φαρμάκων πρέπει να τις αποφύγουμε όπως ο διάβολος το λιβάνι.

Στη μεν ύπνωση εμπλέκονται τρίτα άτομα και αυτό είναι ανεπιθύμητο για πολλούς και διάφορους λόγους, στη δε λήψη ομοιοπαθητικών έχουμε να κάνουμε με λήψη ουσιών που δονούνται σε συχνότητες για τις οποίες δεν μπορούμε ποτέ να ξέρουμε ούτε εμείς αλλά ούτε και ο θεράπων γιατρός (ακόμη και αν εκτός από κλασικός γιατρός και πλήρως καταρτισμένος ομοιοπαθητικός είναι και γνώστης του εσωτερισμού) αν είναι οι κατάλληλες *για εμάς-τώρα, πριν δούμε τα αποτελέσματα.* Και αυτά τα αποτελέσματα είναι κατά κανόνα ανεξέλεγκτα στην κατάσταση που αντιμετωπίζουμε. Και για να μην παρεξηγηθώ, εννοώ πως με την λήψη των ομοιοπαθητικών ξυπνάμε τον κοιμισμένο Δράκοντα στην κυριολεξία χωρίς θώρακα και ακόντιο. Και να είστε σίγουροι πως ο Δράκοντας θα μας κατασπαράξει δίχως καν να προλάβουμε να το αντιληφθούμε. Γνωρίζω περιπτώσεις ανθρώπων που πειραματίστηκαν με αυτή την πρακτική και που δεν είναι πια σε θέση να έχουν την επίγνωση της δυσμενούς κατάστασης στην οποία βρίσκονται. Πιο απλά, όχι μόνο έχασαν την μπάλα αλλά ξέχασαν και τι γύρευαν μέσα στον αγωνιστικό χώρο.

Τώρα, αυτό που μπορούμε να κάνουμε μόνοι μας είναι πολύ απλό και όπως πάντα, όχι εύκολο! Χρειάζεται υπομονή και επιμονή και κυρίως συστηματική δουλειά.

Η προετοιμασία είναι η κλασσική –διαθέσιμος χρόνος, ησυχία, χαλάρωση, κατάλληλη ατμόσφαιρα ανάβοντας ένα κεράκι, όχι όμως αρωματικά στικς ή αιθέρια έλαια. Δεν θέλουμε επέμβαση από άλλες δονήσεις. Καλό είναι να απομακρύνουμε ηλεκτρικές συσκευές και ρολόγια που κάνουν ρυθμικό θόρυβο. Ξεκινώντας ας θυμόμαστε πως είμαστε ενεργειακά πεδία που αλληλεπιδρούν με όλα τα άλλα ενεργειακά πεδία που υπάρχουν γύρω μας.[2]

Μετά την επίτευξη της πλήρους χαλάρωσης και το σταμάτημα του εσωτερικού διαλόγου, επικεντρώνουμε την προσοχή μας στις εντάσεις του σώματος που εξακολουθούν να παραμένουν ή στα σημεία όπου υπάρχουν χρόνια προβλήματα, αρχίζοντας από εκείνο που είναι πιο έντονο. Και θέτουμε απλά την ερώτηση για ποιο λόγο αισθανόμαστε έτσι! Πού οφείλεται το συγκεκριμένο πρόβλημα, ποια είναι η αιτία του;

Εδώ χρειάζεται ιδιαίτερη προσοχή γιατί δεν πρέπει να αρχίσουμε να εκλογικεύουμε καταστάσεις δίνοντας τις απαντήσεις με το νου μας. Οι απαντήσεις πρέπει να έρθουν από «μέσα» και μπορεί να είναι με τη μορφή εικόνων ή ήχων και ενίοτε συνοδεύονται από πιεστικά αισθήματα. Πριν φτάσετε στην πηγή του προβλήματος μπορεί να νιώσετε πως καταδύεστε ή πως φεύγετε με ιλιγγιώδη ταχύτητα, αλλά αυτό είναι μέρος της διαδικασίας και σημάδι πως η τεχνική λειτουργεί. Μην τρομάξετε, έχετε τον απόλυτο έλεγχο! Δεν βρίσκεστε σε ύπνωση, ούτε υπό την επήρεια κάποιας ουσίας. Μπορείτε, χαλαρά, να σταματήσετε τη διαδικασία ανά πάσα στιγμή. Και είναι θεμιτό να το κάνετε αν νομίζετε πως πρέπει και να ξαναπροσπαθήσετε αργότερα. Αλλά είναι καλύτερα να το αντιμετωπίσετε την πρώτη φορά, αν έχετε το κουράγιο, γιατί έτσι αποφεύγονται οι «μολύνσεις» της εμπειρίας από εκλογικεύσεις και συμπερασματικούς συνειρμούς.

Επαναλαμβάνοντας την διαδικασία για διαφορετική αιτία κάθε φορά, θα εξοικειωθείτε μαζί της και θα μπορέσετε να την εξελίξετε και να την προσαρμόσετε στις δικές σας ανάγκες, κάνοντας ένα βήμα κάθε φορά, και αντιμετωπίζοντας το Δράκοντα στο βαθμό που μπορείτε και κάτω από τις συνθήκες που εσείς επιλέγετε.

Και βέβαια μπορείτε να την χρησιμοποιείται όχι μόνο για να «ξεθάψετε παλιούς θρύλους» αλλά και για να κρατήσετε στην επιφάνεια της συνείδησης «σύγχρονες ιστορίες» πριν χαθούν στα βαθιά νερά που αρέσκονται οι Δράκοντες να κολυμπούν...

Τοκ! Τοκ!
Ποιος κτυπά;
Ο Ένοικος στο Κατώφλι!
Λοιπόν, ας του ανοίξουμε!

Σημειώσεις

[1] (Η υπογράμμιση είναι δική μου.) Θεωρώ πως η συγκεκριμένη άποψη είναι ιδιαίτερα σημαντική και χρειάζεται περισσότερη από την προσοχή μας. Διαλογιστείτε πάνω σ' αυτή την ιδέα της υποσυνείδητης σας **"ανεξάρτητης" και διαφοροποιημένης πραγματικότητας** και ανοίξτε τα εσωτερικά κανάλια επικοινωνίας μεταξύ του συνειδητού και υποσυνείδητου νου σας. Δώστε προσοχή στα όνειρα *που θα επακολουθήσουν και επεξεργαστείτε τις πληροφορίες που θα αποκομίσετε.* Είναι μια άσκηση με πολύ ενδιαφέροντα αποτελέσματα!

[2] Σχετικά με τα μη φυσικά εξωτερικά πεδία (ηλεκτρομαγνητικές ακτινοβολίες από κάθε είδους συσκευές κλπ), αλλά και τα φυσικά μη δικά μας πεδία, που αλληλεπιδρούν με το ατομικό μας Βιοπεδίο ας έχουμε κατά νου πως δημιουργούν επίσης ενεργειακά μπλοκαρίσματα και καλό είναι να μάθουμε να αντιλαμβανόμαστε πού οφείλεται κάθε μπλοκάρισμα. Αν είναι δηλαδή «εσωτερικής» φύσης ή «εξωτερικής». Τα εξωτερικά μπορούμε να τα αντιμετωπίσουμε αποτελεσματικότατα με την βοήθεια των Αιθερικών Μετατροπέων (Οργονίτες).

ΤΟ ΡΟΔΟ ΚΑΙ ΤΟ... ΑΓΚΑΘΙ!

Έρχονται φορές που τσακώνω τον εαυτό μου να κάνει τόσο αφελείς ερωτήσεις, που θα δίσταζα στ' αλήθεια να τις διατυπώσω, αν δεν διαπίστωνα πως οι ίδιες ακριβώς ερωτήσεις απασχολούν κι άλλους, εξ ίσου αφελείς. Μια από αυτές στριφογυρνά στο μυαλό μου εδώ και πολύ καιρό, δεν θυμάμαι πόσο, και είναι η εξής: Γιατί, που να πάρει η οργή, ο τρόπος ζωής των ανθρώπων είναι τόσο...... μπιιπ; Τι φταίει;

Και δεν εννοώ βέβαια τι φταίει σε πολιτικό, αλλά ούτε και σε κοινωνικό επίπεδο. Ωστόσο η ερώτηση μπορεί να είναι αφελής, αλλά δεν είναι και ρητορική.

Όμως ευτυχώς εμείς οι αφελείς, εκτός από το να ρωτάμε συνέχεια γιατί αυτό - γιατί εκείνο, χαρακτηριστικό της περιέργειας της παιδικής ηλικίας, εξακολουθούμε και να παίζουμε όπως τα παιδιά. Εντάξει, ίσως τα παιχνίδια μας να είναι πιο σύνθετα και πιο παράξενα, αλλά γι αυτό κι εξακολουθούν να μας προκαλούν ενδιαφέρον!

Έτσι λοιπόν, καθώς συμπλήρωνα την νοερή εικόνα ενός παζλ –ήταν ένα πανέμορφο Κίτρινο Ρόδο– έβαλα στη θέση του ένα «κομματάκι» και τσαφ! σχηματίστηκε ένα αγκάθι. Και κατάλαβα γιατί η ζωή μας είναι τόσο «μπιπ». Επειδή **το αγκάθι, σφηνώθηκε στο Τρίτο μας Μάτι!**

Αλλά καλύτερα να σας πω την ιστορία από την αρχή...

Μια φορά κι ένα καιρό λοιπόν, δεν υπήρχαν …ούτε φορές, ούτε καιρός! Ώσπου μέσα σ' εκείνη τη απόλυτη γαλήνη, η Γαλήνη αντιλήφθηκε την Ύπαρξή της. Η κατανόηση αυτής της αντίληψης την γέμισε Σοφία και την πλημμύρισε με Αγάπη και Αρμονία. Ένιωσε Πλήρης και Μακάρια. Και Χάρηκε τόσο πολύ και αγαλλίασε, που την κατέκλυσε μια Πηγαία επιθυμία για Χάρισμα, για Μοίρασμα. Κινήθηκε λοιπόν, προκειμένου να Εκδηλώσει την επιθυμία της και να την πραγματοποιήσει. Η Συχνότητα της Ενέργειας αυτής της Πρώτης Κίνησης ήταν, και είναι, η ύψιστη ''ενεργειακή ποιότητα'' την αντανάκλαση της οποίας εμείς ονομάσαμε γενετήσια ορμή, ή κατά το συνηθέστερο, σεξουαλική ενέργεια.

Όμως η λέξη sex παραπέμπει στο σύνολο των χαρακτηριστικών του εκάστοτε φύλου και συνεπώς μας οδηγεί συνειρμικά σε μια δυϊστική προσέγγιση, ενώ σ' εκείνη την Πρώτη Κίνηση Όλα ήταν Ένα και παρέμειναν Ένα καθώς **η Δημιουργός Δύναμη μοιράστηκε ολογραφικά.**

Ή, για να το πούμε διαφορετικά, το Άπειρο στην πρώτη του εκδήλωση *εκρήχθηκε* σε άπειρες φρακταλικές μονάδες (* βλ Ένθετο). Αυτές που στις αρχαίες μυθολογίες και στις λαϊκές παραδόσεις αποτέλεσαν τους πρώτους ολοκληρωμένους «Θεούς».

Κάθε Μονάδα ήταν πανομοιότυπη με την αρχική, είχε τις ίδιες ιδιότητες. Μια από αυτές τις ιδιότητες ήταν και η Ελεύθερη Βούληση. Έτσι, στην πορεία τους μέσα στο Χρόνο, άρχισαν να συμβαίνουν διαφοροποιήσεις καθώς οι Μονάδες αποφάσιζαν για τον εαυτό τους.

Όλα αυτά μεταφέρθηκαν σε μας περνώντας αλληγορικά μέσα στις μυθολογίες και τις παραδόσεις ως «Θεοί»,

«Κύριοι», «Αρχάγγελοι» και τα λοιπά, που «δημιούργησαν και εξουσιάζουν με την εντολή του Δημιουργού», τα διάφορα Επίπεδα της Δημιουργίας. Και έπειτα ήρθε ο Άνθρωπος!

Αλλά το -έπειτα- είναι σχετικό. Κανείς δεν θα μπορούσε να μας πει με σιγουριά το πότε ακριβώς, όπως και κανείς μέχρι πρόσφατα δεν μπορούσε να μας βεβαιώσει πως η Δημιουργία συνέβη απλώς κάποτε και αυτό ήταν όλο, και πως δεν συνεχίζει να συμβαίνει διαρκώς. Όμως τώρα πλέον έχουμε αποτελέσματα από επιμέρους έρευνες του CERN που επιβεβαιώνουν την συνεχή δημιουργία Συμπάντων. Αν και στην προκειμένη περίπτωση δεν μας ενδιαφέρει το πότε, αλλά το πώς.

Εννοείται βέβαια πως ούτε κι εγώ μπορώ να αποδείξω σε κάποιο εργαστήριο πως είναι έτσι και όχι κάπως αλλιώς. Άλλωστε –φτου, φτου– ποτέ δεν υπαινίχθηκα πως κατέχω την απόλυτη γνώση καμίας απόλυτης «αλήθειας» και το ξεκαθαρίζω. Συμπεράσματα βγάζω, σύμφωνα με τα αποτελέσματα της μελέτης, της έρευνας και των εμπειριών μου, έτσι όπως αυτά έχουν διαμορφωθεί *μέχρι στιγμής*.

Είναι αποδεκτό, και αυτονόητο θα έλεγα, πως ο πυρήνας όλων των θεογονικών και κοσμογονικών *παραδόσεων* είναι κοινός. Σ' αυτόν τον πυρήνα υπάρχει πάντα μια πρωταρχική Μοναδική Άγνωστη Πηγή, Παντοδύναμη και Τέλεια. Εξ ίσου κοινά στοιχεία συναντάμε και στην ανθρωπογονία.

Ο Άνθρωπος είναι είτε ένας Σπινθήρας που αποχωρίστηκε από την Πηγή, είτε ένα Δημιούργημα της που περιέχει ένα Σπινθήρα της, είτε πλασμένος καθ' εικόνα και ομοίωση της και ούτω καθ' εξής.

Σύμφωνα πάντα με τα κοινά στοιχεία των παραδόσεων, άσχετα αν αυτά δίνονται με διαφορετικές ορολογίες και ονόματα, βρίσκουμε το ανθρώπινο ον να κατέρχεται την κλίμακα της ανέλιξης από το Πνευματικό προς το Υλικό Επίπεδο Ύπαρξης προκειμένου να βιώσει και να γνωρίσει το Άγνωστο, ώστε να μπορέσει να εξελιχθεί.

Εδώ υπάρχει μια παραδοξολογία, αλλά αυτή οφείλεται μονάχα στην παρούσα προοπτική μας. Από το -εδώ και τώρα- το Άγνωστο για εμάς είναι ό,τι βρίσκεται έξω από το πεδίο της αντίληψης μας. Το ίδιο όμως ισχύει σε όποιο εκδηλωμένο επίπεδο Ύπαρξης και αν είμαστε. Επομένως το ζητούμενο είναι να φέρουμε μέσα στο πεδίο της παρούσας αντίληψης μας, όλο και μεγαλύτερο μέρος του Αγνώστου και έτσι να το καταστήσουμε Γνωστό. Να διευρύνουμε δηλαδή τον ορίζοντα των γεγονότων, κατά την ορολογία της φυσικής, ή όπως συνηθίζουμε να λέμε να εξελιχθούμε (εξ + ελίσσομαι).

Και τι άλλο σημαίνει αυτό αν όχι πως συνεχίζουμε να Δημιουργούμε τον Εαυτό μας; Και όχι μόνο τον Εαυτό μας αν θυμηθούμε την κβαντική θεωρία περί παρατηρητού-συμμέτοχου, που διαμορφώνει το παρατηρούμενο!

Αλλά ας ξαναγυρίσουμε στην Πηγή μας και στην πρώτη κίνηση του Σπινθήρα μας. Ενός Σπινθήρα που περιείχε τα Πάντα, όμως δεν εκδήλωνε ακόμη καμιά Ιδιότητα.

Καθώς αποφάσιζε με την Ελεύθερη Βούληση του να κινηθεί άρχισε να εκδηλώνει κάποιες προεπιλεγμένες ιδιότητες. Αυτές οι ιδιότητες «έντυσαν» και έδωσαν συνοχή στην Συνείδηση του Σπινθήρα, που εκδηλώθηκε σε μια χαμηλότερη συχνότητα. Καθώς όμως η Συνείδηση συνεχίζει να επιβραδύνει τις δονήσεις της, αποκτά μεγαλύτερη πυκνότητα και δημιουργεί ένα «φορέα», ένα όχημα, που αποκαλούμε Ψυχή -ή και Πνεύμα- και το οποίο την φιλοξενεί στο νέο Επίπεδο.

Παρενθετικά, να θυμάστε πάντα πως πρόκειται για αλλαγή της *υπαρξιακής κατάστασης*, και άρα αλλαγή *και της* αντίληψης της Συνείδησης. Η αντίληψη *διαφοροποιείται,* παραμένει όμως πάντα η αντίληψη της Συνείδησης του αυτού Σπινθήρα.

Να θυμάστε επίσης πως λέξεις όπως –κάθοδος, φορέας, Ψυχή, Επίπεδα- κλπ. χρησιμοποιούνται απλά για συνεννόηση.

Αυτές οι διαφορετικές Καταστάσεις Ύπαρξης της Συνείδησης, καθώς είναι κοινές για όλους τους Σπινθήρες που δονούνται στην αυτή συχνότητα, αντιστοιχούνται σε Υπαρξιακούς Τόπους ή Επίπεδα Ύπαρξης. Αυτά τα Επίπεδα διαιρούνται το καθένα σε «υποεπίπεδα», αλλά αυτό δεν θα μας απασχολήσει εδώ ιδιαίτερα, αρκεί να το έχουμε απλά υπόψη μας.

Το πρώτο, και πλησιέστερο στην Πηγή, Επίπεδο το ονομάζουμε Πνευματικό και είναι αυτό στο οποίο η Συνείδηση αποκτά τον φορέα Ψυχή. Το αμέσως επόμενο είναι το Αιτιατό ή Νοητικό και εδώ η αλλαγή της συχνότητας δίνει την δυνατότητα στην Συνείδηση να αποκτήσει ακόμη ένα φορέα , το Νοητικό Σώμα και να αντιλαμβάνεται μέσα από αυτό ό,τι υπάρχει σε πυκνότερη κατάσταση. Στο επόμενο Επίπεδο, το καλούμενο Αστρικό, η διαδικασία επαναλαμβάνεται και έτσι αποκτά το Αστρικό της σώμα και τέλος φθάνει στο Επίπεδο της Ύλης όπου η Συνείδηση αποκτά τον πυκνότερο φορέα της, το Υλικό της σώμα.

Όλο αυτό το σύνολο των καταστάσεων Ύπαρξης, έτσι όπως εκδηλώνεται στο υλικό επίπεδο, το ονομάσαμε Άνθρωπο. Και μετά ξεχάσαμε παντελώς τι είναι αυτό που ονομάσαμε έτσι!

Όπως είναι φανερό, ο Σπινθήρας είναι και παραμένει ο

πυρήνας όλων αυτών των *διαδοχικών* –εξ ου και η αίσθηση της *γραμμικότητας του Χρόνου*– εκδηλώσεων. Ωστόσο η ευελιξία του στην προσέγγιση του Αγνώστου εξαρτάται από τις δυνατότητες που προσφέρει η εκάστοτε συχνότητα μέσα στην οποία κινείται η Συνείδηση.

Όπως λοιπόν η ατόφια Ύπαρξη του Σπινθήρα χρησιμοποιεί την Συνείδηση –που στην ουσία δεν είναι παρά η Εκδήλωση του– η Συνείδηση χρησιμοποιεί την Ψυχή για να έρθει σε επαφή με το Άγνωστο. Χρειάζεται όμως να βρίσκονται σε συνεχή επικοινωνία μεταξύ τους ώστε με την ανταλλαγή πληροφοριών να μετατρέπεται το Άγνωστο σε Γνωστό και έτσι να φέρνει η Συνείδηση όλο και μεγαλύτερο ποσοστό Γνώσης μέσα στο πεδίο της Αντίληψης της.

Γι αυτό το σκοπό χρησιμοποιεί η Ψυχή (και επισημαίνω ξανά ότι η Ψυχή είναι το σύνολο, το gestalt ακριβέστερα, του Σπινθήρα συν την Συνείδηση του συν ...) ως εργαλείο της ένα πεδίο (με την έννοια που δίνει η Φυσική στη λέξη) το οποίο δονείται στο αμέσως κατώτερο επίπεδο συχνότητας και που το ονομάζουμε Νου. Είναι ένα από τα υποπεδία του Νοητικού, η δε λειτουργία του εκτελείται μέσω αυτού που ονομάσαμε Νοητικό Σώμα · ένα σύνολο δηλαδή ατομικών πεδίων που η κάθε Συνείδηση διαμορφώνει, μέσω της Ψυχής, προς χρήση της και το οποίο είναι ως συνδυασμός μοναδικό για τον κάθε άνθρωπο.

Ο Νους είναι λοιπόν επιφορτισμένος με το να μεταφέρει πληροφορίες στην Ψυχή από το Επίπεδο της Ύλης με την οποία έρχεται σε επαφή μέσω του Αστρικού Επιπέδου. Και για να πάρουμε αντίστροφα την διαδικασία, το Υλικό μας Σώμα δέχεται πληροφορίες με τα αισθητήρια όργανα του (αισθήσεις) οι οποίες μετατρέπονται τελικά στον εγκέφαλο σε ηλεκτρομαγνητικά κύματα. Τα κύματα αυτά (συναισθήματα) μεταβιβάζονται μέσω του Αστρικού στο Νοητικό Σώμα (εκλογικεύσεις) και από εκεί ανεβαίνοντας σε υψηλότερες συχνότητες (νόηση) γίνονται αντιληπτά από την Συνείδηση που εδράζει στην Ψυχή.

Αλλά ο Νους είναι επίσης επιφορτισμένος με το να δέχεται πληροφορίες (αισθήματα [1]) από την Συνείδηση μέσω του ψυχικού πεδίου και να τις εκδηλώνει στο επίπεδο του υλικού σώματος μέσω φυσικών πράξεων, ακολουθώντας μηχανιστικές διαδικασίες που βασίζονται σε καθορισμένα πρότυπα, χωρίς να έχει την ικανότητα της διάκρισης. Η ενσυνείδητη σύνδεση Ψυχής-Νου γίνεται εφικτή μέσω της σύνδεσης του τσάκρα του διπέταλου λωτού (που αντιστοιχεί στον αδένα της επίφυσης) με το Τρίτο Μάτι.

Από τα ανωτέρω, γίνεται αντιληπτό ότι ενώ η Συνείδηση του Σπινθήρα μας είναι η «άρχουσα τάξη» της εκδήλωσής μας, την μεγαλύτερη ευελιξία κινήσεων την έχει το εκτελεστικό της όργανο, ο Νους, ο οποίος είναι ο μεσάζων ανάμεσα στα επίπεδα και μπορεί να χειρίζεται άμεσα μεγαλύτερο εύρος συχνοτήτων, αν και χαμηλότερης κλίμακας. Ανακεφαλαιώνοντας, θα μπορούσαμε να πούμε · «**Είμαι Σπινθήρας και έχω Συνείδηση.** Χρησιμοποιώ την Ψυχή ως φορέα στα Επίπεδα της Εκδήλωσης και το Νου ως εργαλείο έκφρασης και επικοινωνίας μέσα στα Επίπεδα αυτά. Τα υπόλοιπα σώματα τα χρησιμοποιώ ως προέκταση του φορέα Ψυχή.»

Ή αλλιώς · φορτώνω το ποδήλατο μου στο τροχόσπιτο μου. Και το τροχόσπιτο μου στο καράβι μου, για να ταξιδέψω μέσω του ωκεανού –επειδή δεν μπορώ να πάω στον προορισμό μου κολυμπώντας. Καπετάνιος είναι ο Νους, στον οποίον έχω δώσει την εντολή να με πάει με ασφάλεια εκεί που θέλω. Αν πάψω να τον κατευθύνω με τις οδηγίες μου, θα αρχίσει να βολοδέρνει άσκοπα στις θάλασσες και να ''δένει'' σε λάθος λιμάνια. Στην συνέχεια δε, θα αμφισβητήσει την νομιμότητα της παρουσίας μου και θα με παρακάμψει, αναλαμβάνοντας πλήρως την κατοχή του σκάφους!

Οι βασικοί τρόποι δράσης του Νου, είναι κατ' αρχήν η ικανότητα της *διασκόρπισης της αντίληψης* σε πολλά διαφορετικά ''σημεία'' ταυτόχρονα. Αυτή, στην αυθεντική της μορφή, λειτουργεί σαν ένας ανιχνευτής που εντοπίζει άγνωστες παραμέτρους τις οποίες και θέτει υπόψη της Συνείδησης (Παρατηρητής). **Όταν η επικοινωνία Συνείδησης-Νου εκφυλίζεται, ο Νους *προσκολλάται στα αντικείμενα της παρατήρησης του.***

Ο δεύτερος τρόπος δράσης του απορρέει από την ικανότητα του της *περισυλλογής.* Την αντιστροφή δηλαδή της διασκόρπισης με σκοπό την *επικέντρωση* του πίσω στην αφετηρία του ώστε να προσκομίσει στην Συνείδηση τα νέα δεδομένα.

Άλλη μια ικανότητα του είναι αυτή της *συγκέντρωσης.* Μια απόλυτα προσηλωμένη μορφή νοητικής δράσης σε ένα σκοπό κάθε φορά, ώστε να επιτευχθεί η επικέντρωση και η άμεση επικοινωνία του με την Συνείδηση. Ίσως γίνει πιο εύκολα κατανοητό αν αναφέρουμε την διαδικασία ως την «στροφή προς τα μέσα».

Υπάρχει και μια ακόμη ικανότητα του Νου την οποία θα μπορούσαμε να την χαρακτηρίσουμε ως την πλέον «ευαίσθητη». Είναι η ικανότητα της *απόσυρσης,* εκείνη δηλαδή η κατάσταση της απόλυτης σιγής του, κατά την διάρκεια της οποίας η Συνείδηση επεξεργάζεται τα δεδομένα που της έχουν δοθεί.

Η επίτευξη επομένως της εσωτερικής σιγής, σε τακτά χρονικά διαστήματα, μας είναι απόλυτα αναγκαία δεδομένου ότι είναι ο φυσικός τρόπος λειτουργίας του συστήματος αντίληψης.

Ωστόσο η πολιτισμένη μας κοινωνία και ο σύγχρονος τρόπος ζωής, μας εξαναγκάζουν είτε άμεσα –αγώνας προς επιβίωση– είτε έμμεσα –τρόποι διασκέδασης (δια-σκεδάζω = δια-σκορπίζω)– σε ένα ξέφρενο χιμαιρικό κυνηγητό εξ αιτίας του οποίου έχουμε ξε-χάσει τις βαθύτερες και σημαντικότερες ανάγκες μας. Έτσι η ικανότητα του Νου να αποσύρεται τηρώντας σιγή μετατράπηκε σε «σκοτείνιασμα», ανία, νωθρότητα.

Παρενθετικά, και για όσους δεν είναι ικανοποιημένοι μέσα στην «ασφάλεια» της μιζέριας τους, υπάρχει η Τέχνη της Παραφύλαξης του Εαυτού, από την παράδοση των Τολτέκων.

Υποθέτω πως λίγο πολύ όλοι παίξατε σαν παιδιά τους «κλέφτες κι αστυνόμους». Θυμάστε πώς παραφυλάγατε στις γωνιές για τον αντίπαλο; Την οξύτητα της αντίληψης σας και το πώς ήσασταν σε επιφυλακή μέχρι και το τελευταίο σας κύτταρο; Παίξτε για άλλη μια φορά αυτό το παιχνίδι με αντίπαλο τον ίδιο σας το Νου! Αν μη τι άλλο, θα ψυχαγωγηθείτε!

Τώρα, αυτές οι διαδικασίες που λαμβάνουν χώρα σε ατομικό επίπεδο δεν είναι ξεκομμένες από το Όλον. Τα Επίπεδα που διαμορφώνονται από τις κλίμακες των συχνοτήτων είναι κοινά για όλους και συνεπώς υπάρχουν συνεχείς αλληλεπιδράσεις μεταξύ των πάντων.

ΕΙΡΗΝΗ ΛΕΟΝΑΡΔΟΥ

Άλλωστε, αυτή είναι και η έννοια του πεδίου όπως ορίζεται από την φυσική επιστήμη.

Όμως! Όταν ένα πλήθος ατομικοποιημένων Συνειδήσεων με έντονο συναίσθημα συγκεντρώνεται πάνω στην ίδια ιδέα, την κοινά αποδεκτή πραγματικότητα εν προκειμένω, τότε δομείται ένας κοινός Ομαδικός Νους, αυτός που αποκαλούμε Οικουμενικό Νου ή Συλλογικό Ασυνείδητο.

Ο Οικουμενικός Νους είναι μια ξεχωριστή αυτόβουλη οντότητα. Η Dion Fortune τον παρομοιάζει με Στοιχειακό και σημειώνει: (η υπογράμμιση δική μου) *«Για να οικοδομηθεί ένας ομαδικός νους οποιασδήποτε διάρκειας, είναι απαραίτητη κάποια μέθοδος που να εγγυάται τη συνέχιση της προσοχής και του συναισθήματος.*

Οποτεδήποτε εγκαθιδρύεται μια τέτοια συνέχεια της προσοχής και του συναισθήματος, τότε δημιουργείται ένας ομαδικός νους ή ένα ομαδικό Στοιχειακό. Με την πάροδο του χρόνου αυτό αναπτύσσει μία δική του ατομικότητα και σταματά να εξαρτά την ύπαρξή του από την προσοχή και τα συναισθήματα του πλήθους που το γέννησε. Μόλις κάτι τέτοιο συμβεί, το πλήθος δεν κατέχει πλέον τη δύναμη να αποσύρει την προσοχή του ή να διαλύεται. Το ομαδικό Στοιχειακό έχει θέσει επάνω του το ''βαρύ'' του χέρι.» (Θυμάστε εκείνο το αγκάθι που σφηνώθηκε στο Τρίτο μας Μάτι; Και θυμάστε ακόμη πως μέσω του Τρίτου Ματιού η Συνείδηση έχει πρόσβαση και ελέγχει το Νου;)

«Η προσοχή του ατόμου προσελκύεται και κρατιέται ανεξάρτητα από τη θέληση του, ενώ μέσα του νιώθει διάφορα συναισθήματα ακόμη και εάν δεν επιθυμεί να τα αισθανθεί. Ο κάθε νεοφερμένος στην ομάδα εισχωρεί στην ισχυρή της ατμόσφαιρα και είτε την αποδέχεται οπότε

απορροφάται σε αυτήν, είτε την απορρίπτει οπότε και απορρίπτεται και ο ίδιος. Κανένα μέλος μιας ομάδας με ισχυρή ατμόσφαιρα, ομαδικό νου ή Στοιχειακό (ανάλογα με το ποιόν όρο προτιμάτε) δεν έχει την ελευθερία να σκέφτεται αμερόληπτα τα αντικείμενα της ομαδικής συγκέντρωσης και συναισθήματος. Γι αυτό ακριβώς το λόγο οι ανακατατάξεις είναι σκληρές και επίπονες.»

Φαντάζομαι πως αντιλαμβάνεστε το μέγεθος της μέγγενης μέσα στην οποία είμαστε πιασμένοι. Το ζητούμενο είναι και να το συνειδητοποιήσετε! Και να βρείτε το θάρρος να τραβήξετε και να βγάλετε το αγκάθι, όσο κι αν αυτό είναι οδυνηρό.

Δεν χρειάζεται να διευκρινίσω, αλλά θα το κάνω, πως ο «εχθρός» μπορεί να κατατροπωθεί μόνο με τα ίδια του τα όπλα. Όσο περισσότεροι άνθρωποι αντιληφθούν τι έχει συμβεί και η ζωή μας είναι τόσο «μπιπ», όσο περισσότεροι άνθρωποι τολμήσουν να ξεριζώσουν το αγκάθι που τους αναλογεί, τόσο περισσότερο ο πανούργος εχθρός θα αποδυναμώνεται.

Η Συνείδηση του Σπινθήρα του καθενός μας, κάνει ό,τι μπορεί με τα μέσα που διαθέτει από το επίπεδο της για να έρθει σε επαφή με τον εκδηλωμένο της εαυτό, δηλαδή εμάς. Αυτό σημαίνει πως δεν είμαστε ούτε «μόνοι», ούτε εγκαταλελειμμένοι στην τύχη μας. Τι χρειάζεται όμως, τι μπορούμε να κάνουμε, λοιπόν; Πώς τραβάς ένα «αόριστο» αγκάθι από ένα «αόρατο» Τρίτο Μάτι;

Τεχνικές υπάρχουν πολλές. Όσες και τα εσωτερικά συστήματα που ασχολούνται με την εξέλιξη του ανθρώπου -ήδη σας ανέφερα μία. Όμως στην πλειοψηφία τους τα συστήματα μιλούν με αλληγορίες και συγκαλυμμένα πίσω από ένα πέπλο μυστηρίου, για να μην αναφερθούμε στις

93

στρυφνές και ακατανόητες για τον σύγχρονο αναζητητή ορολογίες που χρησιμοποιούν. Και αυτή η κατάσταση ίσως να οφείλεται σε δυο λόγους.

Ο ένας είναι πως πάντα η Γνώση εθεωρείτο προνόμιο μόνο κάποιων εκλεκτών και κρατιόταν ζηλότυπα υπό την εποπτεία των όποιων ιερατείων. Βλέπετε εκτός από τον Οικουμενικό Νου που τρέχει σαν ξέφρενο τραίνο πάνω σε ράγες συμπαρασύροντας τις μάζες, υπάρχουν κι εκείνοι που αφού κατάφεραν να κατέβουν δεν συνέχισαν το δρόμο τους, αλλά επιδόθηκαν στο να φροντίζουν ώστε να παραμένει ο συρμός πάνω σε καλά στερεωμένες σιδηροτροχιές. Και αυτό είναι κάτι που μπορεί να το διαπιστώσει ο καθένας σήμερα, καθισμένος απλά και μόνο μπροστά στον τηλεοπτικό του δέκτη και παρακολουθώντας τα γεγονότα και την «ποικιλία» των προγραμμάτων που τροφοδοτούν το αδηφάγο τέρας. Αρκεί βέβαια να καταφέρει να ξυπνήσει έστω και για λίγο από την καθιερωμένο του λήθαργο.

Ο άλλος λόγος είναι πως ο ίδιος ο Οικουμενικός Νους, που πολύ πετυχημένα ο Νταν Μπρίταιν αποκάλεσε Αγύρτη, όχι μόνο χρησιμοποιεί αυτούς τους ανθρώπους προς όφελός του, αλλά δρα και με οποιοδήποτε άλλο τρόπο περνά από το «χέρι» του προκειμένου να επιβιώσει. Θυμάστε την Λερναία Ύδρα; Θεωρείστε την ως ένα ισχνό παράδειγμα!

Ωστόσο, χωρίς να θέλω να μειώσω στο ελάχιστο την αξία των εσωτερικών συστημάτων, η αντιμετώπιση της κατάστασης δεν είναι ούτε δυσνόητη, ούτε πολύπλοκη. Απεναντίας είναι ιδιαίτερα απλή. Δύσκολη μεν, αλλά απλή. Και είναι δύσκολη μόνο επειδή χρειάζεται να αντιμετωπίσουμε την κατάσταση σε όλα τα Επίπεδα, ταυτόχρονα. Και ιδιαίτερα τον ίδιο μας το Νου. Γιατί μη ξεχνάτε πως είναι το πεδίο μέσω του οποίου ο Οικουμενικός Νους επικοινωνεί μαζί μας.

Πρώτο Κλειδί: **αποστασιοποίηση.** «Πηδήξτε από το τραίνο», ό,τι κι αν σημαίνει αυτό για τον καθένα! Αλλά κάντε το χωρίς προλόγους και σαματά. Σβέλτα κι αθόρυβα.

Δεύτερο Κλειδί: **αυτοανακάλυψη.** Κάντε «κονέ» με την Συνείδηση σας! Και αφουγκραστείτε την.

Κλειδί τρίτο: **δράση.** Βάλτε σε εφαρμογή τις οδηγίες που θα σας δώσει η Συνείδηση σας!

Τόσο απλά! Και χωρίς ...ειρωνικά «Χα»! Δεν σας υποσχέθηκα εκδρομούλα για να περάσει η ώρα! Για Αφύπνιση σας μιλώ και μάλιστα χωρίς εξοπλισμό. Με μοναδικά «όπλα» αυτά που θα αρπάξουμε από το πλιάτσικο!

Αλλά βέβαια υπάρχει πάντα και η Ελεύθερη Βούληση και ίσως κάποιοι προτιμούν να αρκεστούν μόνο στο τηλεοπτικό zapping² και είναι, ασφαλώς, αναφαίρετο δικαίωμα τους. Όπως αναφαίρετο δικαίωμα κάποιων άλλων είναι να ρισκάρουν εκείνο το κβαντικό σάλτο από το... «τραίνο».

Σημειώσεις

¹ **αίσθημα:** η άμεση εσωτερική γνώση που έρχεται «από το πουθενά» ως έμπνευση ή διαίσθηση και που δεν επιδέχεται ορθολογικής ερμηνείας αν και, όταν είναι αυθεντική, επιδέχεται πάντα ορθολογικής εφαρμογής με απτά αποτελέσματα. π.χ. Ακυρώνουμε την τελευταία στιγμή από ανεξήγητη παρόρμηση το προγραμματισμένο ταξίδι μας και λίγες ώρες μετά ακούμε στις ειδήσεις πως

το συγκεκριμένο μέσω μεταφοράς με το οποίο θα ταξιδεύαμε, ενεπλάκη σε θανατηφόρο ατύχημα. Σ' αυτή την περίπτωση λέμε πως είχαμε ένα **προαίσθημα** που μας έσωσε τη ζωή. Τα **αισθήματα** είναι τέσσερα και έχουν κατευθυντικό χαρακτήρα, ένα είδος «οδηγίες προς ναυτιλλομένους» και δεν πρέπει να τα συγχέουμε με τα συναισθήματα αν και μοιάζουν με αυτά επειδή εκδηλώνονται στο υλικό μας σώμα χρησιμοποιώντας τα ίδια «κανάλια» επικοινωνίας –ηλεκτρικά και χημικά. Έτσι αυτό το αίσθημα που εκλαμβάνουμε ως το συναίσθημα του (αδικαιολόγητου) *φόβου* είναι η οδηγία-εντολή της Συνείδησης για να απομακρυνθούμε από μια κατάσταση. Είναι η επιθυμία της Συνείδησης για *υποχώρηση.* Ο (εσωτερικός) *θυμός* είναι η επιθυμία για *πάλη*, η (αβάσιμη) *χαρά* είναι η επιθυμία για *ζωή* και η (άνευ αιτίας) *μελαγχολία* η επιθυμία για *αλλαγή.*

[2]**zap:** καταστρέφω, κινούμαι γρήγορα και δυνατά, μεταδίδω κίνηση ή δύναμη, ξαφνική παρουσία, ξεπερνάω κατάσταση, φονεύω.

[3]Τώρα πλέον έχουμε αποτελέσματα από επιμέρους έρευνες του CERN που επιβεβαιώνουν την συνεχή δημιουργία Συμπάντων.

* Ένθετο

Fractals

Ως μαθηματική έννοια τα fractals εμφανίζονται όταν το 1872 ο Karl Weierstrass βρήκε ένα παράδειγμα για μια συνάρτηση με την μη-διαισθητική ιδιότητα ότι είναι παντού συνεχής αλλά πουθενά διαφορήσιμος. Η γραφική παράσταση αυτής της συνάρτησης θα αποκαλούταν σήμερα fractal. Εκείνη την εποχή ορίζονταν ως αυτοόμοια κύρτωση ή «κύρτωση τέρας»! Την σημερινή ονομασία απέδωσε ο Benoit Mandelbrot το 1975 από το λατινικό *fractus* και από τότε η Γεωμετρία που εξετάζει τα fractals, ονομάστηκε Γεωμετρία Fractal και είναι η Κλασματική Γεωμετρία.

Το ότι η Ευκλείδειος Γεωμετρία δεν είναι επαρκής για την μελέτη τους, οφείλεται στην χαρακτηριστική τους ιδιότητα να *υπάρχουν μόνο σε κλασματικές διαστάσεις.* Βέβαια για τα μαθηματικά η διάσταση σημαίνει πολύ περισσότερα από τα ύψος –μήκος –πλάτος, αλλά για να γίνει αντιληπτή μια κλασματική διάσταση, μπορούμε να την φανταστούμε κάπου «ανάμεσα» στις γνωστές μας διαστάσεις. Ας πούμε πως είναι κάτι αντίστοιχο με μια τρισδιάστατη κινηματογραφική ταινία που ενώ προβάλλεται σε μια δισδιάστατη επιφάνεια, αποδίδει και την εντύπωση μιας τρίτης διάστασης.

Όπως είναι κατανοητό, δεν μπορούμε να εξετάσουμε αναλυτικά όλα όσα σχετίζονται με τα fractals. Άλλωστε είναι ένας μαθηματικός κλάδος που εμπλέκεται με την θεωρία του Χάους, την Πολυπλοκότητα, τους Παράξενους Ελκυστές αλλά, σύμφωνα με τον Mandelbort, και με τους άρρητους αριθμούς.

Άλλωστε ακόμη και οι ίδιοι οι επιστήμονες μπορούν να τα περιγράψουν επαρκώς μόνο μέσα από μαθηματικούς τύπους και σχέσεις.

Ωστόσο πρέπει να αναφέρουμε πως υπάγονται σε τρεις κατηγορίες οι οποίες καθορίζονται από τον τρόπο που αυτά παράγονται. Αυτές είναι:

α) Τα *επαναλαμβανόμενα συστήματα συναρτήσεων*. Αυτά έχουν έναν σταθερό γεωμετρικό κανόνα αντικατάστασης.

β) Τα fractals που καθορίζονται από μια σχέση επανάληψης σε κάθε σημείο στο χώρο (όπως στο πεδίο πολυπλοκότητας). Αυτά καλούνται επίσης *escape-time fractals*.

γ) Τα *τυχαία* fractals , που παράγονται με πιθανολογικές παρά αιτιοκρατικές διαδικασίες.

Μπορούν επίσης να ταξινομηθούν σύμφωνα με την αυτό-ομοιότητα τους. Αυτοόμοιο (self-similar) θεωρείται ένα αντικείμενο του οποίου τα μέρη παρουσιάζουν ακριβή ομοιότητα ή είναι παρόμοια με το ίδιο ως σύνολο. Υπάρχουν τρεις τύποι αυτοομοιότητας που βρίσκουμε στα fractals:

1)**Η ακριβής αυτοομοιότητα**, που είναι ο ισχυρότερος τύπος αυτοομοιότητας. Το fractal εμφανίζεται ίδιο σε διαφορετικές κλίμακες. Τα fractals που καθορίζονται από επαναλαμβανόμενα συστήματα συναρτήσεων επιδεικνύουν συχνά ακριβή αυτοομοιότητα. *(Αυτό που αποκαλέσαμε «καθ' εικόνα και ομοίωση»;)*

2)**Η οιονεί αυτοομοιότητα**, μια χαλαρή μορφή αυτοομοιότητας. Το fractal εμφανίζεται περίπου (αλλά όχι ακριβώς) ίδιο σε διαφορετικές κλίμακες. Οιονεί αυτό-παρόμοια fractals περιέχουν τα μικρά αντίγραφα του ολοκληρωμένου fractal με διαστρεβλωμένες και εκφυλισμένες μορφές. *(Η επιρροή της Ελεύθερης βούλησης;)* Τα fractals που καθορίζονται από σχέσεις επανάληψης είναι συνήθως οιονεί αυτό-παρόμοια αλλά όχι ακριβώς αυτοόμοια.

3)Η στατιστική αυτοομοιότητα. Ο πιο αδύναμος τύπος αυτοομοιότητας: Το fractal έχει τα αριθμητικά ή στατιστικά μέτρα που διατηρούνται μέσα στις διάφορες κλίμακες. *(Το ποσοστό των «εκδηλωμένων όντων» που διατήρησε την ιδιότητα της αυτοομοιότητας;)* Επειδή το κάθε fractal επαναλαμβάνει απειροστικά τον εαυτό του, κανένα φυσικό αντικείμενο δεν μπορεί να θεωρηθεί fractal, όμως τα φυσικά αντικείμενα μπορούν να επιδείξουν φρακταλικές ιδιότητες μετά από κάποιο όριο στην διαβάθμιση της κλίμακας. Έτσι οι φρακταλικές δομές εντοπίστηκαν και στην φύση.

Ένα απλό παράδειγμα είναι το φύλλωμα της φτέρης και εν γένει των φυτών. Τα σύννεφα, αλλά και οι ακτές.

Προσπαθώντας να μετρήσουν με ακρίβεια τις ακτές της Μ. Βρετανίας διαπίστωσαν πως όσο προχωρούσαν σε λεπτομερείς καταγραφές, συναντούσαν παρόμοιες δομές στον σχηματισμό των ακτών, με αποτέλεσμα να καταλήξουν στο συμπέρασμα πως αν και η Μ. Βρετανία ήταν μια πεπερασμένη έκταση, ήταν οροθετημένη από μια άπειρη ακτογραμμή. Σύμφωνα με αυτό το πόρισμα, μια πεπερασμένη περιοχή, όπως το Υλικό Σύμπαν, οριοθετείται από μια άπειρη «συνοριακή» γραμμή.

Τα fractals είναι μεν γεωμετρικά ''αντικείμενα'', αλλά ας μην ξεχνάμε πως και η Γεωμετρία είναι μια διάλεκτος της «Γλώσσας» του Σύμπαντος. Και εάν το Σύμπαν είναι ένα ''υποσύνολο'' του Δημιουργού, τότε και η κλασματική γεωμετρία είναι ένας από τους τρόπους έκφρασης Του.

Άλλωστε οι ιδιότητες των fractals δεν περιορίζονται μόνο στους μαθηματικούς τύπους και εν δυνάμει στη φύση, αλλά βρίσκουν πολιτισμικές και τεχνολογικές εφαρμογές.

Fractal

ΝΟΗΣΗ, ΕΓΚΕΦΑΛΟΣ & ΣΥΣΤΗΜΑΤΑ ΑΝΤΙΛΗΨΗΣ

Ή πώς να αποδεσμευτείτε από μια ανεπαρκή κοσμοθεώρηση

«Ένα σημαντικό μειονέκτημα που έχω ν' αντιμετωπίσω όταν γράφω, κι ακόμα περισσότερο όταν εξηγώ κάτι, είναι ότι αδυνατώ να σκεφτώ με λέξεις. Συχνά μου συμβαίνει, μετά από σκληρή δουλειά, που με οδήγησε σε αποτελέσματα που βρίσκω απολύτως σαφή και ικανοποιητικά, όταν θέλω να τα διατυπώσω με λέξεις, να έχω το αίσθημα ότι για να ξεκινήσω θα πρέπει πρώτα να μεταφερθώ σ' ένα διαφορετικό επίπεδο νόησης. Πρέπει να μεταφράσω τις σκέψεις μου σε μια γλώσσα, μέσα στην οποία δεν ταιριάζουν και πολύ –μοιάζουν να «κλωτσάνε». Κατά συνέπεια σπαταλώ πολύ χρόνο αναζητώντας τις κατάλληλες λέξεις και φράσεις κι όταν μου ζητηθεί ξαφνικά να μιλήσω συνειδητοποιώ ότι δυσκολεύομαι πολύ, αλλά αυτό οφείλεται σε λεκτική ανεπάρκεια και όχι στο ότι δεν αντιλαμβάνομαι τα πράγματα με σαφήνεια. Πρόκειται για ένα από τα μικρά πράγματα που με ταλαιπωρούν στη ζωή.»

Francis Galton

«Όλα ήταν ένα κουβάρι στο μυαλό μου, εξαιτίας του καθηγητή των μαθηματικών που είχα στο γυμνάσιο και ο οποίος μου ζητούσε να του δείξω γραπτά πως έκανα τις

πράξεις. Είχα το δικό μου σύστημα μέχρι τότε και λειτουργούσε θαυμάσια. ...όμως δεν μπορούσα να πω με ποιο τρόπο εύρισκα τις απαντήσεις.»

Donna Williams

«Φαίνεται ότι οι λέξεις ή η γλώσσα, σε προφορική ή γραπτή μορφή, δεν παίζουν κανένα ρόλο στο μηχανισμό της σκέψης μου. Οι φυσικές οντότητες που φαινομενικά χρησιμεύουν σα στοιχεία της σκέψης είναι συγκεκριμένα σύμβολα, καθώς και είδωλα λίγο πολύ ξεκάθαρα, τα οποία μπορούν να αναπαραχθούν και να συνδυαστούν «αυθόρμητα»... Στη δική μου περίπτωση, τα στοιχεία στα οποία αναφέρθηκα παραπάνω είναι οπτικά και, μερικές φορές, μυϊκά. Οι συμβατικές λέξεις και τα άλλα σύμβολα πρέπει να αναζητηθούν με μόχθο και μόνο σε δεύτερο στάδιο, όταν οι ζητούμενοι συνειρμοί έχουν αποδειχθεί επαρκώς και μπορούν ν' αναπαραχθούν κατά βούληση.»

Albert Einstein

Τα προαναφερθέντα αποσπάσματα που παρατέθηκαν σαν ένας μικρός πρόλογος, έχουν γραφεί από τρεις ιδιαίτερους ανθρώπους.

Ο Francis Galton (1822-1911) ήταν ένας Βικτοριανός πολυμαθέστατος επιστήμονας που ασχολήθηκε με την μετεωρολογία και τις εξερευνήσεις έως την ανθρωπολογία, την ψυχολογία και την γενετική αλλά και άλλα πολλά.

Ο Albert Einstein δεν χρειάζεται συστάσεις και η Donna Williams είναι κοινωνιολόγος-παιδοψυχολόγος, αυτοδίδακτη μουσικοσυνθέτης και συγγραφέας, παρ' όλο που γεννήθηκε και παραμένει αυτιστική!

Κοινό χαρακτηριστικό τους η αδυναμία τους να σκέφτονται με λέξεις και η δυσκολία τους να «μεταφράσουν» σε γραπτό ή προφορικό λόγο την ολιστική σκέψη τους. Και δεν είναι οι μόνοι. Λίγο έως πολύ, παρόμοια προβλήματα απασχολούν όλους όσους έχουν κυρίαρχο το δεξί ημισφαίριο του εγκεφάλου τους.

Τι σημαίνει όμως αυτό; Αν και δεν είναι μέσα στις προθέσεις μου να κάνω παρουσίαση της εγκεφαλικής λειτουργίας, θα ήταν χρήσιμο να αναφερθούμε εν μέρει σ' αυτήν, ώστε να γίνουν κατανοητά όσα θα μας απασχολήσουν στην συνέχεια.

Τα εγκεφαλικά ημισφαίρια συνδέονται με το *μεσολόβιο*, ένα πλέγμα νευρικών ιστών που συνδέει τους μηχανισμούς της λειτουργίας τους και έτσι εξασφαλίζει την μεταξύ τους επικοινωνία. Κυρίαρχο ημισφαίριο θεωρείται αυτό που ανταποκρίνεται συχνότερα ή είναι ταχύτερο και αποτελεσματικότερο στην επεξεργασία των ερεθισμάτων.

Με τα σημερινά δεδομένα και κατά κανόνα, το αριστερό ημισφαίριο εξειδικεύεται στις λειτουργίες γραφής, συμβολισμού, λόγου, ανάγνωσης, συλλαβισμού, εντόπισης λεπτομερειών και γεγονότων, ομιλίας και απαγγελίας, εφαρμογής οδηγιών, ακοής και συνειρμού ήχων, και ελέγχει την δεξιά πλευρά του σώματος.

Το δεξί ημισφαίριο αντίστοιχα εξειδικεύεται στις: αφή, αντίληψη χώρου, σχηματοποίηση, αρίθμηση, αντίληψη των χρωμάτων και της μουσικής, δημιουργικότητα, φαντασία, καλλιτεχνική έκφραση, αισθήματα και συγκινήσεις και τέλος στην εξαιρετικά σύνθετη ικανότητα επικοινωνίας και μάθησης μέσω της κίνησης του σώματος. Ελέγχει την αριστερή πλευρά του σώματος.

Σύμφωνα με μια από τις υπάρχουσες θεωρίες αυτή η *εξειδίκευση* ξεκινά στην ηλικία των τεσσάρων ετών ενώ μέχρι τότε τα ημισφαίρια αναπτύσσονται συμμετρικά. Όλες δηλαδή οι λειτουργίες υπάρχουν και στα δύο τμήματα ταυτόχρονα.

Όμως τα ημισφαίρια έχουν και διαφορετικούς τρόπους *επεξεργασίας* των ερεθισμάτων. Έτσι και οι τρόποι οργάνωσης και λειτουργίας της σκέψης διαφέρουν.[1]

Σε ασθενείς που έχουν υποστεί χειρουργικές επεμβάσεις εγκεφάλου έχει διαπιστωθεί πως μετά από ειδικευμένη εκπαίδευση είναι δυνατόν, σε ένα μεγάλο ποσοστό, να αποκτήσει ένα από τα δύο ημισφαίρια τις λειτουργικές ικανότητες του άλλου. Για παράδειγμα, σε μια μελέτη που έγινε σε κάποιον «διπλοεγκεφαλικό»[2] ασθενή από τον Donald Wilson και τους συνεργάτες του, το 1977, το δεξί ημισφαίριο έμαθε να μιλά ενώ όπως είναι γνωστό το κέντρο του λόγου βρίσκεται κατά συντριπτική πλειοψηφία στο αριστερό.

Ανάλογα με το ποιο είναι το κυρίαρχο ημισφαίριο, οι άνθρωποι χαρακτηρίζονται ως *ακουστικοί τύποι* αν λειτουργούν με το αριστερό, και *οπτικοί* αν λειτουργούν με το δεξί ημισφαίριο. Ένας τρίτος τύπος οι *αισθησιοκινητικοί,* λειτουργούν επίσης με το δεξί εγκεφαλικό ημισφαίριο.

Ωστόσο η κοινωνία μας είναι δομημένη από κάθε άποψη *μόνο* για τους «δεξιόχειρες»! Και δεν είναι απλά η πρακτική πλευρά, όπως η κατασκευή των ψαλιδιών για παράδειγμα, που δημιουργεί τα προβλήματα στους υπόλοιπους. Είναι ουσιαστικότερες καταστάσεις όπως η δομή των εκπαιδευτικών συστημάτων ή όπως η κοινά αποδεκτή «πραγματικότητα» κι αυτό επειδή στην απαρχή της εμφάνισης και χρήσης της ομιλίας ο άνθρωπος αναγκάστηκε για πρακτικούς λόγους να επικεντρωθεί περισσότερο στη χρήση του αριστερού ημισφαιρίου. Για να καταλήξει μέσα από την πορεία της εξέλιξης στην «κατάχρηση». Το πώς παγιώθηκε και εξακολουθεί να συμβαίνει αυτό είναι εμφανές αν εξετάσουμε την προσωπική εξέλιξη κάθε ανθρώπου με δυτική κουλτούρα.

Στην βρεφική ηλικία έχουμε μόνο την συναίσθηση ενός πυρήνα ύπαρξης *(είμαι)*. Αυτό που αργότερα θα αποτελέσει το «εγώ είμαι». Η αντίληψη μας για τον «εξωτερικό» κόσμο περιορίζεται μόνο σε ό,τι μπορούμε να δούμε γύρω μας στο άμεσο περιβάλλον και μόνο από το σταθερό σημείο όπου βρισκόμαστε κάθε φορά.

Οι εικόνες γύρω μας είναι ρευστές και θολές χωρίς ιδιαίτερο νόημα και ο «κόσμος» περιορίζεται στον οπτικό μας ορίζοντα, ενώ ο εγκέφαλος δεν γνωρίζει ακόμη τι βλέπει. Είναι οι πρώτες προσλαμβάνουσες εικόνες που αποκτά και οι οποίες θα αποτελέσουν τα πρότυπα μας.

Τα υπόλοιπα ερεθίσματα, εσωτερικά και εξωτερικά – πείνα, πόνος, θερμοκρασία, ήχοι κλπ- είναι απλά διαφορετικές καταστάσεις ύπαρξης, καταστάσεις ανησυχίας ή απειλής ή αντίθετα ηρεμίας και γαλήνης-ασφάλειας. Πρωτογενή αρχέγονα συναισθήματα από τα οποία απορρέουν τα δευτερογενή, δυσφορία-φόβος, ευχαρίστηση-χαρά.... **Η ικανότητα της άμεσης γνώσης έξω από κάθε λογική επεξεργασία είναι ακόμη παρούσα.** Ένα βρέφος δεν μπορεί να αποφασίζει με λογικούς συνειρμούς για τον ρόλο που διαδραματίζει η παρουσία της μητέρας του στη ζωή του, όμως γνωρίζει αναμφίβολα τα αισθήματα που εκείνη τρέφει γι αυτό και αντιλαμβάνεται την παρουσία της ακόμη και όταν κοιμάται. **Έχει άμεση πρόσβαση στις ενεργειακές ανταλλαγές που συντελούνται γύρω του και τις αντιλαμβάνεται.**

Καθώς ο εγκέφαλος εκπαιδεύεται με την συνεχή επανάληψη και η εστιακή ικανότητα του μεγαλώνει, «προχωρά» στις νέες γι αυτόν περιοχές, διευρύνοντας και τα όρια του κόσμου γύρω μας. Βρισκόμαστε στην κρίσιμη καμπή, το «σημείο» εκείνο όπου αρχίζει η εδραίωση της διαμόρφωσης πραγματικότητας. Μιας πραγματικότητας που έχουν ήδη περιχαρακώσει κάποιοι άλλοι για μας, σύμφωνα με τα δεδομένα που τους δόθηκαν όταν βρίσκονταν στην δική μας θέση.

Η «διαχωριστική γραμμή» χαράσσεται με την εκμάθηση της ομιλίας. Την σκυτάλη παίρνει από τους γονείς το σχολείο και εκεί τα περιθώρια της νοητικής ευελιξίας μας στενεύουν ασφυκτικά και συχνά ανεπανόρθωτα. Με την εκμάθηση της γραφής και της ανάγνωσης η Ύπαρξη μας εγκλωβίζεται για ακόμη μια φορά *και* μέσα στα όρια των λέξεων που αντικαθιστούν τις πρωταρχικές εντυπώσεις και έννοιες.

Το αριστερό κυρίαρχο ημισφαίριο του λόγου με τις ανεπαρκείς του, σε σχέση με το σύνολο της ανθρώπινης υπόστασης, αντιληπτικές ικανότητες κατάφερε να δομήσει την «πραγματικότητα» στα μέτρα του και εις βάρος του δεξιού ημισφαιρίου και όλων των ικανοτήτων του. Έτσι η γραμμική λεκτική σκέψη που στηρίζεται αποκλειστικά στους κανόνες της λογικής και σε χειροπιαστά ερεθίσματα αιτίου και αποτελέσματος, έγινε ο κανόνας. Και το δεξί *άλαλο* ημισφαίριο εξαναγκάστηκε στην «σιωπή» ακριβώς σαν παιδί ενός κατώτερου θεού!

Η άχρονη αντίληψη της Ολότητας και η διαίσθηση, η φαντασία και το παράλογο, όχι μόνο μπήκαν σε δεύτερη θέση, αλλά κατηγορήθηκαν, καταδικάστηκαν και εξορίστηκαν από την ζωή μας. Υποχρεωθήκαμε να μάθουμε να χρησιμοποιούμε «το χέρι το καλό» έτσι όπως αυτό ορίστηκε από το κοινωνικό σύστημα.

Και καταλήξαμε (πόσο βολικό για μερικούς!) σε μια «...*κοινωνία βασισμένη στο μύθο της παραγωγικότητας (και στην πραγματικότητα του κέρδους) που έχει ανάγκη από μισούς ανθρώπους –πιστούς εκτελεστές, επιμελείς εργάτες αναπαραγωγής, πειθήνια όργανα χωρίς βούληση- και αυτό σημαίνει ότι είναι μια κοινωνία άσχημα φτιαγμένη και ότι είναι ανάγκη να την αλλάξουμε. Για να την αλλάξουμε χρειάζονται άνθρωποι δημιουργικοί, που να ξέρουν να χρησιμοποιούν τη φαντασία τους.*» Όμως «*Η δημιουργικότητα είναι συνώνυμο της ''αποκλίνουσας σκέψης'', αυτής δηλαδή που έχει την ικανότητα να σπάει συνεχώς τα σχήματα της εμπειρίας. Είναι δημιουργικό ένα μυαλό που πάντα δουλεύει, που πάντα ρωτάει, που ανακαλύπτει προβλήματα εκεί που οι άλλοι βρίσκουν ικανοποιητικές απαντήσεις, που νοιώθει άνετα στις ρευστές καταστάσεις όπου οι άλλοι οσφραίνονται μόνο κινδύνους, που διαθέτει κρίση αυτόνομη και ανεξάρτητη (ακόμα κι απ' τον πατέρα, το δάσκαλο, την κοινωνία), που αρνείται το τυποποιημένο, που καταπιάνεται απ' την αρχή με τα πράγματα και τις έννοιες, χωρίς να εμποδίζεται από κομφορμισμούς. Όλες αυτές οι ιδιότητες εκδηλώνονται στη διαδικασία της δημιουργίας*»

Και η δημιουργικότητα είναι κατεξοχήν λειτουργία του δεξιού εγκεφαλικού ημισφαιρίου. Αυτού του καθ' όλα ισότιμου τμήματος της βιολογικής μας ύπαρξης που μας συνδέει με την Άχρονη Ολότητα των Πλατωνικών Ιδεών. Αυτού που μεθοδικά και ανελέητα το κάθε μορφής εκπαιδευτικό σύστημα καταστέλλει και απομονώνει από την ευαίσθητη νηπιακή ηλικία έως ότου το αποπροσανατολίσει, παραχωρώντας το διεξόδους μόνο μέσα από «δευτερεύουσες» καλλιτεχνικές δραστηριότητες. Όσοι προσπαθήσουν με πείσμα να δημιουργήσουν τη δική τους πραγματικότητα, χαρακτηρίζονται παράξενοι, περιθωριακοί, διανοητικά απροσάρμοστοι ή και ψυχοπαθείς και εκτοπίζονται.

«Βλέπω μέσα στον καθρέφτη αυτό το κορίτσι να με κοιτάζει.

Βλέπω να πιστεύει πως είμαι τρελή, επειδή θέλω να είμαι ελεύθερη.

Όμως βλέπω μέσα στα μάτια της, ότι όπως την κοιτάζω, προσπαθεί να καταλάβει ότι δε λέω ψέματα, απλά προσπαθώ να βρω το δρόμο να γυρίσω πίσω στον εαυτό μου.»

Έγραψε η Dona Williams σ' ένα από τα ποιήματα της και νομίζω πως δεν χρειάζονται σχόλια.

Όμως, τι θα γινόταν αν... αλλάξαμε τα δεδομένα; Αν εκπαιδεύαμε τους εγκεφάλους μας έτσι ώστε να λειτουργούμε όλοι ως αμφίχειρες;

Υπό συνήθεις συνθήκες η εγκεφαλική εκπαίδευση σταματά όταν «αποφασίσουμε» ότι γνωρίζουμε πλέον τα πάντα κι αυτό ήταν όλο. Από εξαναγκασμένο προγραμματισμό σε πρώτο στάδιο και από προσωπική αδιαφορία στη συνέχεια, σταματάμε να εξελίσσουμε την αντίληψη μας και τα όρια μας παύουν να διευρύνονται και καλουπώνονται στον συγκεκριμένο για τον καθένα μας, Κόσμο. Όμως αυτό δεν σημαίνει πως ο Κόσμος σταματά εκεί όπου σταματά ο ορίζοντας του καθενός από εμάς.

Όπως αποδείχθηκε από το πείραμα Wilson με τον διπλοεγκεφαλικό ασθενή, υπάρχει η δυνατότητα απόκτησης από τα ημισφαίρια ικανοτήτων που «παραδοσιακά» δεν τους ανήκουν. Στην προκειμένη περίπτωση αυτό που θα επιδιώξουμε είναι απλά να αποκαταστήσουμε την λειτουργικότητα του δεξιού εγκεφαλικού μας ημισφαιρίου.

Ή αλλιώς, να αποδώσουμε τα του Καίσαρος στον Καίσαρα και τα του Θεού στο Θεό! Κι αν καλοσκεφτείτε το σχόλιο, θα διαπιστώσετε πόσο κυριολεκτικό είναι.

Εδώ, θα κάνουμε μια παράκαμψη, επειδή ο «δρόμος» μας προς το δεξί εγκεφαλικό ημισφαίριο (ας το συντομεύσουμε σε ΔΗ) περνά από τον *δικτυωτό σχηματισμό*.

Αυτός βρίσκεται εν μέρει στο *μεσεγκέφαλο* και εν μέρει στον *οπίσθιο εγκέφαλο* και ευθύνεται για την γενική κατάσταση εγρήγορσης ολόκληρου του εγκεφάλου ή τμημάτων του.

Πολλοί νευροφυσιολόγοι υποστηρίζουν πως ο δικτυωτός σχηματισμός αποτελεί την πιθανή «έδρα» της συνείδησης επειδή αν υποστεί βλάβη, το αποτέλεσμα είναι μια κατάσταση όπου δεν υπάρχει συνείδηση.

Δεδομένου ότι, δεν «έχουμε» συνείδηση, αλλά **είμαστε** εκδηλωμένη Συνείδηση, οι νευροφυσιολόγοι την συγχέουν προφανώς με την συνειδητότητα. Με το ποσοστό δηλαδή της επίγνωσης που έχει κάθε στιγμή η Συνείδηση για τον εαυτό της και τις πράξεις της και την αλληλεπίδραση της με το περιβάλλον μέσω του σώματος που διατηρεί.

Αυτό προκύπτει ως συμπέρασμα από την πειραματική διαπίστωση ότι κάθε φορά που ο εγκέφαλος βρίσκεται σε ενσυνείδητη κατάσταση εγρήγορσης, ο δικτυωτός σχηματισμός είναι ενεργός ενώ διαφορετικά παραμένει ανενεργός. Όταν όμως κάποιος ονειρεύεται και ο εγκέφαλος δραστηριοποιείται σε σχέση με τα ονειρικά δρώμενα, ο δικτυωτός σχηματισμός παραμένει ανενεργός.

Μήπως κάποιος θα έπρεπε να μιλήσει στους νευροφυσιολόγους για το **Συνειδητό Ονείρεμα** και να προτείνει μια νέα σειρά πειραμάτων; Θα είχε ιδιαίτερο ενδιαφέρον να παρατηρούσαμε την αντίδραση του δικτυωτού σχηματισμού στην προκειμένη περίπτωση.

Αν λοιπόν θέλουμε να προσεγγίσουμε το ΔΗ, χρειάζεται πρώτα να δραστηριοποιήσουμε τον δικτυωτό σχηματισμό. Και βέβαια μ' αυτό, εννοώ πως πρέπει να είμαστε σε συνειδητή εγρήγορση. Όταν γνωρίζουμε τον μηχανισμό με τον οποίο αυτό επιτυγχάνεται είναι ίσως ευκολότερο, επειδή γίνεται πιο συγκεκριμένο. Στην συνέχεια, όπως και είναι ευνόητο, πρέπει να επιστρατεύσουμε και το μεσολόβιο.

Θα μπορούσαμε βέβαια να επινοήσουμε διάφορες τεχνικές για την αφύπνιση του ΔΗ όμως υπάρχει κάποια δοκιμασμένη και αποτελεσματικότατη. Επιπλέον μας παρέχει δυο ακόμη σημαντικότατα οφέλη· *το σταμάτημα του εσωτερικού διαλόγου και την εικοσιτετράωρη συνέχεια της συνειδητής επίγνωσης.*

Αυτόματα αυτό σημαίνει απόκτηση της λυτρωτικής εσωτερικής σιγής που μας οδηγεί σε νέους ορίζοντες, και συνειδητό ονείρεμα.

Η τεχνική βασίζεται σε ένα από τα Συστήματα Αντίληψης και αυτά βέβαια αλληλεξαρτώνται από την νόηση και τις λειτουργίες του εγκεφάλου!

Σύμφωνα με παραδόσεις, θρησκείες και επιστήμες παρ' όλο που η κάθε μια χρησιμοποιεί την δική της ορολογία, είναι κοινά αποδεκτό πως υπάρχουν διάφορα "επίπεδα" εκδήλωσης της Δημιουργίας. Ας μας επιτραπεί, για πρακτικούς λόγους, να τα ορίσουμε σε τρεις γενικές ομάδες. Ως επίπεδο της πρώτης ομάδας θα θεωρήσουμε την κατάσταση εκείνη που εκδηλώνεται ως αδιαμόρφωτες «καθαρές» ενέργειες. Ως δεύτερο την κατάσταση όπου οι ενέργειες εκδηλώνονται με ιδιότητες και μορφή, αλλά όχι μάζα. Και τρίτο την κατάσταση όπου οι ενέργειες εκδηλώνονται και ως μάζα. Τώρα φανταστείτε αυτά τα επίπεδα σαν τρεις διαφάνειες που εφάπτονται αδιαχώριστα και θα έχετε μια ενδεικτική προσέγγιση μιας Κοσμικής αναπαράστασης. Αν θέλετε μπορείτε, όπως η Dona Williams, και να κοιτάξετε τον εαυτό σας σ' ένα καθρέφτη. Είμαστε, όπως κάθε τι άλλωστε, ένα φρακταλικό αντίγραφο της Δημιουργίας.

Σε κάθε ένα από αυτά τα επίπεδα αντιστοιχεί κι ένα διαφορετικό Σύστημα Αντίληψης. Αυτός είναι και ένας από τους λόγους που δεν έχουμε άμεση πρόσβαση από το ένα επίπεδο στο άλλο, συν το ότι η κατάσταση βέβαια, δεν είναι τόσο απλοϊκή όσο την περιγράψαμε.

Ωστόσο η προσέγγιση δεν είναι αδύνατη και αυτό μπορούν να το βεβαιώσουν αποκρυφιστές και επιστήμονες, ο καθένας από την σκοπιά του. Εκείνο που χρειάζεται είναι η γνώση του αντίστοιχου Συστήματος Αντίληψης (ΣΑ) και κάποιο πειραματικό μέσον. Από το δεύτερο έχουμε άπαντες και είναι βέβαια ο εγκέφαλός μας!

Στο _τρίτο_ επίπεδο -της ύλης- το ΣΑ που αντιστοιχεί είναι των **αισθήσεων**. Όραση, ακοή, όσφρηση, γεύση και αφή, είναι οι ανεπαρκείς δυστυχώς "διπλωμάτες", που μας φέρνουν σε επαφή με τον "έξω" κόσμο.

113

Στο _δεύτερο_ επίπεδο –των ιδιοτήτων και της μορφής-
αντιστοιχεί το Σύστημα της **νοητικής** αντίληψης και του
οραματισμού. Και είναι σ' αυτό ακριβώς το επίπεδο όπου
το ΔΗ υποσκελίστηκε από το αριστερό.

Τα εκπαιδευτικά συστήματα και οι κοινωνικές δομές στην
πλειοψηφία τους δίνουν κατά κανόνα βαρύτητα στην χρήση
του ΑΗ και της γραμμικής λογικής του, υποβαθμίζοντας την
ολογραφική, οραματική ικανότητα του ΔΗ.

Όμως η μεγάλη παγίδα βρίσκεται στον τρόπο χρήσης του
λόγου. Υποβαθμίζοντας το ΔΗ, οι λέξεις έπαψαν να
αντιπροσωπεύουν **νοητικές εικόνες** και έγιναν εικόνες
αυτές οι ίδιες. Προφέροντας μια λέξη δεν ''βλέπουμε'' πια
την νοερή μορφή αυτού που η λέξη αντιπροσωπεύει, αλλά
την ίδια τη λέξη.

Εδώ να σημειώσουμε πως οι νοητικές εικόνες δεν είναι
μόνο οπτικές, αλλά αντιπροσωπεύουν όλες τις φυσικές
αισθήσεις. Για παράδειγμα αν σκεφτείτε, με το ΔΗ, ένα
ζεστό πιάτο από το αγαπημένο σας φαγητό δεν θα «δείτε»
μόνο τη νοερή του εικόνα, αλλά παράλληλα θα το
«μυρίσετε» και πιθανόν θα έχετε και την αίσθηση της
γεύσης του, ακόμη και την θερμοκρασία του. Όλες αυτές
είναι νοητικές εικόνες. Χρησιμοποιούμε επίσης και
«αναλογικές εικόνες» με τις οποίες προσπαθούμε να
αντικειμενοποιήσουμε ιδέες που δεν ανταποκρίνονται σε
αισθητήριες εικόνες, πχ λέμε, «η σκέψη μου είναι
διαυγής», όπως θα λέγαμε «το καθαρό νερό είναι διαυγές».

Στο _πρώτο_ τέλος επίπεδο -της αδιαμόρφωτης ενέργειας-
το ΣΑ που αντιστοιχεί θα μπορούσε να χαρακτηρισθεί ως
συναίσθηση μέσω ανταλλαγής ενεργειών. Αν και ο
απώτερος στόχος μας είναι να κατακτήσουμε ακριβώς

αυτό το επίπεδο νόησης, δεν θα ασχοληθούμε εδώ με την ανάλυση του. Θα ήταν λάθος να κάνουμε ακριβώς αυτό το οποίο θέλουμε να αποφύγουμε. Άλλωστε όταν πάψουμε να αντιμετωπίζουμε με τρόμο την Ρευστότητα και γευτούμε την αίσθηση της Ελευθερίας της, θα είναι περιττή κάθε ανάλυση.

Τώρα, το ότι υποβαθμίστηκε η σπουδαιότητα του ΔΗ δεν σημαίνει και ότι αυτό έπαψε να χρησιμοποιείται. Χάθηκε όμως η ισορροπία και μαζί της χάθηκε και ο έλεγχος των λέξεων. Οι άνθρωποι έπαψαν να σκέφτονται με έννοιες και σκέφτονται με λέξεις.

Δεν σκέφτονται ωστόσο όλοι οι άνθρωποι τις λέξεις με τον ίδιο τρόπο. Μερικοί «βλέπουν» τις λέξεις και ανήκουν στον οπτικό τύπο, άλλοι τις «ακούν» και ανήκουν στον ακουστικό και ορισμένοι τις «κινητοποιούν» και ανήκουν στον αισθησιοκινητικό τύπο. (Προφανώς όλοι μας έχουμε δει κάποιον συνάνθρωπο μας να συνοδεύει με κινήσεις του σώματος ή γκριμάτσες του προσώπου τις σκέψεις του και εξ ίσου προφανώς κάποια στιγμή το κάναμε και εμείς.) Συνήθως οι «τύποι» δεν είναι απόλυτοι, αλλά δημιουργούνται με συνδυασμούς που ποικίλουν από άνθρωπο σε άνθρωπο.

Το συμβολικό σύστημα παράστασης που χρησιμοποιούμε, ο τρόπος δηλαδή που σκεφτόμαστε, κατά την διάρκεια της εγρήγορσης δεν είναι το ίδιο με αυτό που χρησιμοποιούμε όταν ονειρευόμαστε. Επίσης το σύστημα που χρησιμοποιούμε ως ενήλικες δεν είναι το ίδιο με αυτό που χρησιμοποιούσαμε κατά την προρηματική νηπιακή ηλικία, αν και το δεύτερο είναι σχεδόν ίδιο με αυτό που χρησιμοποιούμε στον ύπνο μας. Στην ηλικία εκείνη οι λέξεις ήταν για μας απλοί ανούσιοι ήχοι. Οι **δονήσεις** των ήχων ήταν που μας μετέδιδαν τα μηνύματα.

Το ζητούμενο πρώτο βήμα είναι να εντοπίσουμε αυτά τα δύο συστήματα μέσω της αυτοπαρατήρησης. Δεδομένου ότι οι εικόνες (φως), ο ήχος, η κίνηση κλπ είναι μετάδοση πληροφορίας, παρατηρούμε με βάση ποιόν τύπο αντιδρούμε σ' αυτήν και πώς την ανταλλάσσουμε. Το δεύτερο βήμα είναι να μάθουμε να χρησιμοποιούμε το ονειρικό μας σύστημα σκέψης κατά την διάρκεια της εγρήγορσης, κατά βούληση. Όταν το επιτύχουμε αυτό περνάμε στο τρίτο βήμα που είναι να αντικαταστήσουμε το ονειρικό μας σύστημα στον ύπνο μας, με αυτό της εγρήγορσης. Επίσης μπορούμε να πειραματιστούμε με τελείως ξένα προς εμάς συστήματα και να τα οικειοποιηθούμε. Όμως ο τελικός μας σκοπός είναι να ανασυστήσουμε το σύστημα που είχαμε κατά την πρώτη παιδική ηλικία. Να σκεφτόμαστε με **πρωτογενείς αισθητήριες εικόνες**.

Αυτό θα έχει σαν αποτέλεσμα την ρευστοποίηση των καθιερωμένων προτύπων και την απόκτηση της ικανότητας να αποδεσμευτούμε από τις εικόνες των λέξεων και ό,τι αυτό συνεπάγεται...

Παρενθετικά να αναφέρω πως ένας καλός τρόπος εξάσκησης αλλά και ελέγχου για την πρόοδο μας είναι να επικοινωνούμε νοερά, **σκεπτόμενοι με πρωτογενείς αισθητήριες εικόνες**, όταν απευθυνόμαστε σε νήπια και σε κατοικίδια ζώα. Είναι εκπληκτική η ανταπόκριση τους και φυσικά έχουμε έτσι την ευκαιρία να επιβεβαιώσουμε την λειτουργικότητα της μεθόδου.

(Η προέκταση αυτής της δυνατότητας οδηγεί στην κατάκτηση της γνωστής μεθόδου Παρατήρησης εξ Αποστάσεως (ΠΕΑ) και όπως καταλαβαίνετε, αν το ΔΗ μας δίνει πρόσβαση σε τέτοιες καταστάσεις, γίνεται ευνόητο για ποιους λόγους «παροπλίστηκε».)

Είναι κατά βάση μια απλή τεχνική αν και όχι εύκολη. Θα έλεγα πως είναι το ίδιο απλή και συνάμα το ίδιο δύσκολη με το να «κόψουμε» μια κακή συνήθεια όπως είναι το κάπνισμα, για παράδειγμα. Βλέπετε, δυστυχώς, είμαστε εθισμένοι στην λεκτική σκέψη. Όμως σε καμιά περίπτωση αυτό δεν σημαίνει πως οι συνήθειες δεν είναι αναστρέψιμες. Εξ ίσου απλά (και εξ ίσου δύσκολα) *«Το πέρασμα από τη μια κατάσταση στην άλλη είναι μια κρίσιμη διαδικασία. Η παλιά κατάσταση δεν έχει ακόμα πεθάνει και η νέα μόλις έχει γεννηθεί. Ολόκληρο το μέλλον παίζεται σ' αυτή τη στιγμή. Τίποτε δεν έχει ακόμη κριθεί οριστικά και τελεσίδικα. Η στιγμή ανήκει εξίσου και στις δύο καταστάσεις και δεν ανήκει σε καμιά. Όταν η μεταμόρφωση αρχίζει περνάμε σε μια καινούργια εποχή.»*

Υπάρχουν, και θα υπάρχουν, αναρίθμητοι «παρατηρητές» που παρατηρούν και διαμορφώνουν τον γνωστό Κόσμο, αλλά ακόμη κι έτσι, εμείς που έχουμε την θέληση έχουμε και την δυνατότητα να αποτελέσουμε ένα πρωτοπόρο παρατηρητή σε «νέες περιοχές». Άλλωστε δεν υπάρχει κανένας φυσικός νόμος που να λέει πως η πραγματικότητα μπορεί να είναι μόνο μία και μοναδική.

Σ' αυτή τη νέα Κατάσταση Συνείδησης και συνεπώς Ύπαρξης, εισερχόμαστε όπως τα βρέφη με περιορισμένες ικανότητες αντίληψης για τα νέα δεδομένα, έχοντας μοναδικό οδηγό τα πρωτογενή αισθήματα. Είναι το ένστικτο που μας δείχνει το δρόμο.

Εξ-ελισσόμαστε και προχωράμε εκπαιδεύοντας νέες περιοχές του εγκεφάλου μας, έως ότου με την συνεχή επανάληψη εδραιώσουμε νέα πρότυπα. Αλλά σκοπός αυτής της εδραίωσης, που στην ουσία είναι μια νέα οριοθέτηση, πρέπει να είναι μόνο για να χρησιμεύσει ως εφαλτήριο για την περαιτέρω εξερεύνηση του Κόσμου, ό,τι κι αν αυτός μπορεί να είναι. **Τα όρια υπάρχουν μόνο για να καταλύονται.**

Η λογική και η κρίση χρειάζονται ως το βαθμό που μας βοηθούν να αντλήσουμε από την υπάρχουσα εμπειρική γνώση, ώστε να αποφεύγουμε παλαιότερα λάθη και «κακοτοπιές». Αν θέλουμε να συμμετέχουμε σ' ένα σύμπαν όπως αυτό περιγράφεται από την αστροφυσική, χρειάζεται πρώτα απ' όλα να ξεπεράσουμε τα δικά μας υποθετικά όρια.

«Δεν υπάρχει αντικείμενο να παρατηρηθεί, αν δεν υπάρχει προηγουμένως ο παρατηρητής, ο γνώστης. Αυτός δημιουργεί με την παρατήρηση του τον κόσμο και δεν υπάρχει τίποτε έξω από αυτόν. ...Το υποκείμενο είναι ο πραγματικός δημιουργός των πάντων. Ο παραδοσιακός Θεός είναι ένα άλλο αποτέλεσμα, μια επινόηση των δύο επιτήδειων στρατηγών του εχθρού μας: του Φόβου και της Ελπίδας.» μας επισημαίνει ο Δ. Ευαγγελόπουλος κι εγώ θα σας θυμίσω πως η ελπίδα ήταν ό,τι απέμεινε μέσα στο Πιθάρι της Πανδώρας.

Επίσης λένε πως η ελπίδα πεθαίνει πάντα τελευταία, κάτι που εγώ το εκλαμβάνω σαν απειλή, αν αυτό σημαίνει πως εγώ θα πεθάνω πριν από αυτήν!

Αν η ελπίδα είναι, όπως και έμμεσα μας προειδοποίησε ο μύθος, *«...ένα ναρκωτικό, ένα μέσο ύπνωσης, αδρανοποίησης, εφησυχασμού, αδυναμίας, υποταγής και σκλάβωσης μας... ας αντικρίσουμε με ορθάνοιχτα μάτια και καθαρό μυαλό την πραγματική μαύρη και αρνητική φύση της.»* Και ας ασκήσουμε το δικαίωμα της επιλογής να ξαναποκτήσουμε τον έλεγχο του μυαλού μας, των λέξεων, της «πραγματικότητας» μας.

Ο ζηλότυπος "Δίας" τιμώρησε τον "Προμηθέα" επειδή χάρισε σ' εμάς τους κοινούς θνητούς την σπίθα της αντιληπτικής ικανότητας και όλοι μαζί οι «θεοί» συνωμότησαν εις βάρος μας και μας έστειλαν την "Πανδώρα" με το πιθάρι της που κατάφερε να μας δελεάσει και να μας αποπροσανατολίσει. Έχουν περάσει από τότε άγνωστο πόσες εποχές, αλλά ο σημερινός «πολιτισμός» μας αντανακλά ακριβώς τους συμβολισμούς του μύθου. Τα υποτιθέμενα δώρα του είμαστε υποχρεωμένοι να τα πληρώνουμε, κυριολεκτικά και μεταφορικά, πολύ ακριβά ακόμη και στην συνηθισμένη μας καθημερινότητα.

Και αναρωτιέμαι, για πόσο ακόμη θα αφήνουμε την κατάσταση αυτή να κυλά, απλοί κομπάρσοι σ' ένα δράμα που υπάρχει μόνο για να μας αναλώνει; Δεν είναι πια καιρός να προχωρήσουμε παραπέρα;

Η Γνώση και η Φλόγα, είτε το θέλουν οι «θεοί» είτε όχι, υπάρχουν άσβεστες μέσα μας. Σ' εμάς μένει να αποφασίσουμε τι θα κάνουμε μ' αυτό και πότε θα πούμε την τελευταία μας Λέξη...

Σημειώσεις

[1]Το αριστερό ημισφαίριο

1)Ακολουθεί γραμμική πορεία σκέψης
2)Χρησιμοποιεί τον συμβολισμό
3)Διατηρεί λογική διαδοχή στις σκέψεις
4)Στηρίζεται στους κανόνες της λογικής
5)Επεξεργάζεται τις πληροφορίες λεκτικά
6)Λειτουργεί με υπαρκτά ερεθίσματα
7)Έχει επίγνωση του χρόνου
8)Επεξεργάζεται αφηρημένες πληροφορίες

Το δεξί ημισφαίριο

1)Ακολουθεί ολιστική πορεία
2)Χρησιμοποιεί το συγκεκριμένο
3)Διατηρεί τυχαία επιλογή στη διαδοχή των σκέψεων
4)Στηρίζεται σε κανόνες της διαίσθησης
5)Επεξεργάζεται τις πληροφορίες μη λεκτικά
6)Λειτουργεί με ερεθίσματα της φαντασίας
7)Δεν κατανοεί την έννοια του χρόνου
8)Επεξεργάζεται παράλογες πληροφορίες

[2] **Διπλοεγκεφαλικοί** αποκαλούνται όσοι έχουν υποστεί ανεπανόρθωτη βλάβη στο μεσολόβιο, με αποτέλεσμα να μην υπάρχει επικοινωνία μεταξύ των δύο ημισφαιρίων.

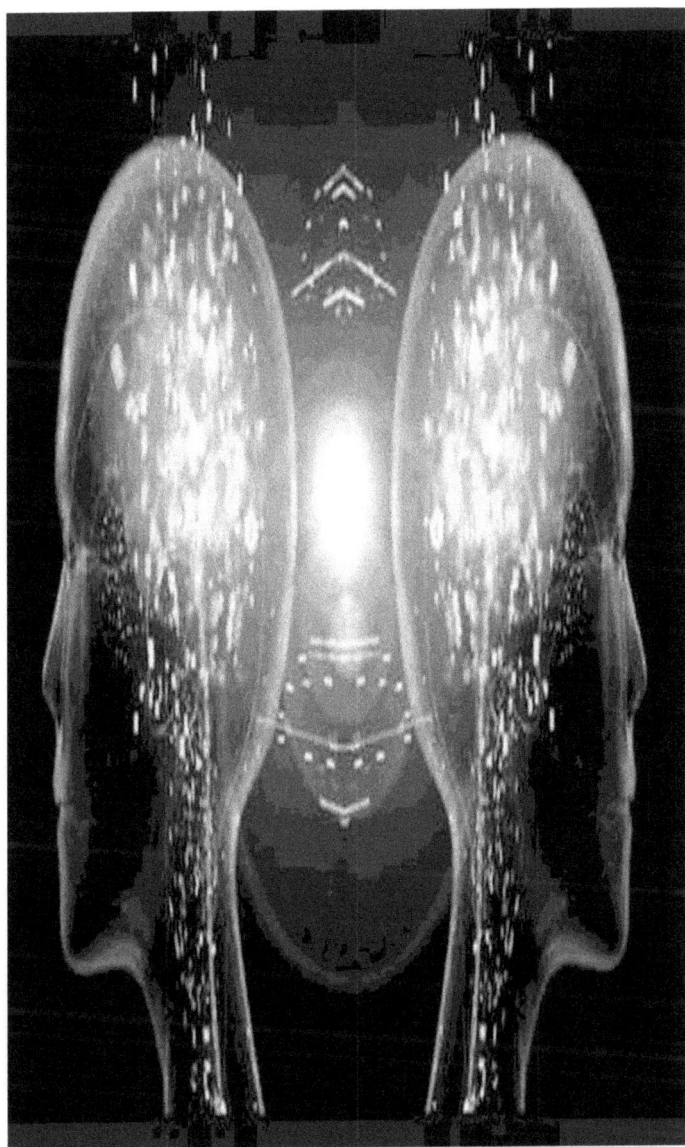

ΝΕΥΡΩΝΕΣ "ΚΑΤΟΠΤΡΑ"

Έρχεται κάποια στιγμή που δεν υπάρχει τίποτε άλλο να πεις. Όχι γιατί έχουν ειπωθεί όλα όσα θα μπορούσαν να ειπωθούν, αλλά επειδή έχουν ειπωθεί όλα όσα θα μπορούσαν οι άλλοι να ακούσουν. Και τότε είναι η ώρα της Σιωπής.

Λένε πως υπάρχουν ...κάποιοι, που δεν χρειάζονται λέξεις για την ανταλλαγή πληροφοριών. Έχουν τον τρόπο τους. Τους τυχερούς! Αναλογιστείτε πόσο ελεύθεροι ΕΙΝΑΙ!

Αλλά, προς το παρόν, ας συμβιβαστούμε με τον γραπτό λόγο. Άλλωστε έχει κι αυτός «κάτι» από τη Σιωπή. Δεν τον ακούτε· τον βλέπετε. Κι αν καταφέρνετε να «βλέπετε» εικόνες αντί για λέξεις, να «βιώνετε» εμπειρίες, αντί να αναλύετε νοήματα, ακόμη καλύτερα! Επειδή και η έρευνα, η οποιαδήποτε έρευνα, από κάποιο σημείο και μετά ξεδιπλώνει την ουσία της γνώσης μόνο μέσα στη ΣΙΩΠΗ.

Και το θέμα που μας απασχολεί σ' αυτό το άρθρο εξελίσσεται σιωπηλά μέσα στην απεραντοσύνη της εγκεφαλικής μας ενεργειακής θάλασσας. Και συγκεκριμένα στους κατοπτρικούς νευρώνες μας και τις συνάψεις τους. Και οι νευρωνικές συνάψεις είναι μια σιωπηλή ανταλλαγή πληροφοριών.

Πίσω από τον «καθρέφτη»

Με τα συμπεράσματα που προέκυψαν ύστερα από εικοσαετή έρευνα, οι επιστήμονες είναι πλέον σε θέση να πιστεύουν πως η ανακάλυψη των νευρωνικών κατόπτρων είναι σε σημαντικότητα για την νευρολογία –αλλά και την ψυχολογία κατ' επέκταση– ισοδύναμη με την ανακάλυψη του DNA για την βιολογία.

Ακόμη, το ιστορικό της ανακάλυψης αποδεικνύει σαφέστατα πόσο αποτελεσματική είναι, για την πρόοδο, η συσχέτιση των πορισμάτων από έρευνες διαφορετικών επιστημονικών ομάδων και η σωστή διαχείριση τους.

Ωστόσο ο εντοπισμός της ύπαρξης των νευρωνικών κατόπτρων προέκυψε τυχαία, κατά τη διάρκεια μελέτης της νευρικής δραστηριότητας στον εγκέφαλο πιθήκων την στιγμή που εκτελούσαν κινήσεις με συγκεκριμένο στόχο. Για την ακρίβεια ήταν στις αρχές της δεκαετίας του 1990, στο πανεπιστήμιο της Πάρμα στην Ιταλία όπου, ο καθηγητής της νευρολογίας Giacomo Rizzolatti και οι συνεργάτες του, μελετούσαν το κινητικό σύστημα των πιθήκων βασιζόμενοι στην προϋπάρχουσα γνώση για την συμμετοχή ορισμένων νευρωνικών κυττάρων του προκινητικού φλοιού στον έλεγχο εκούσιων κινήσεων.

Κάθε φορά και ανάλογα με την διαφορετική κίνηση που κάνει ο πίθηκος πειραματόζωο, εκφορτίζεται και ένας διαφορετικός νευρώνας από τους υπεύθυνους για τις κινητικές εντολές. Διαφορετικός όταν ο πίθηκος πιέζει κάποιο διακόπτη, άλλος όταν τραβά ένα μοχλό και άλλος όταν απλώνει το χέρι του για να πιάσει ένα φιστίκι και ούτω καθεξής. Όλοι αυτοί οι νευρώνες αποτελούν μέρος ενός δικτύου το οποίο και είναι υπεύθυνο για την εκτέλεση της κίνησης.

Κατά την διάρκεια καταγραφής μιας τέτοιας δραστηριότητας ο Rizzolatti και οι συνεργάτες του παρατήρησαν πως μια υποομάδα των νευρώνων κινητικών εντολών, εκφορτίζονταν και όταν το πειραματόζωο παρακολουθούσε απλώς κάποιον άλλο να εκτελεί την ίδια κίνηση. Τους νευρώνες που αποτελούν αυτή την υποομάδα τους ονόμασαν νευρώνες-κάτοπτρα ή μιμητικούς και στη συνέχεια διαπίστωσαν πως υπάρχουν και στις αντίστοιχες περιοχές του ανθρώπινου εγκεφαλικού φλοιού.

Αυτή η διαπίστωση σημαίνει πως τα κατοπτρικά νευρωνικά δίκτυα εκτός της συμμετοχής τους στις κινητικές εντολές επιτρέπουν επίσης, τόσο στους πιθήκους όσο και σ' εμάς , να προσδιορίζουμε τις προθέσεις των άλλων πλασμάτων μέσω κάποιου μηχανισμού εσωτερικής, νοητικής προσομοιώσεως των πράξεων των άλλων.

Από μεταγενέστερες έρευνες προέκυψε πως νευρώνες κάτοπτρα υπάρχουν και σε άλλα τμήματα του εγκεφάλου μας, όπως στην έλικα του προσαγωγίου και στη νήσο. Οι συγκεκριμένοι, θεωρείται ενδεχόμενο να εμπλέκονται στις συναισθηματικές αποκρίσεις ενσυναίσθησης, της ανταποκριτικής μας δηλαδή ταύτισης στα συναισθήματα και τις προθέσεις των άλλων.

Για παράδειγμα, όπως προέκυψε από την μελέτη της δραστηριότητας νευρώνων της έλικας του προσαγωγίου σε ανθρώπους που βρίσκονταν σε εγρήγορση, ορισμένα κύτταρα που εκφορτίζουν αποκρινόμενα σε αισθήσεις πόνου, εκφορτίζονταν και σε περίπτωση κατά την οποία οι εθελοντές έβλεπαν κάποιον άλλο να πονάει. Εξ ίσου ενδιαφέρον είναι το ότι υπάρχουν βάσιμες ενδείξεις πως νευρώνες-κάτοπτρα ευθύνονται και για την ικανότητα της μίμησης, ικανότητα ιδιαίτερα σημαντική στην διαδικασία της εκμάθησης δεξιοτήτων.

Σε αυτή την βάση στηρίζεται και η ικανότητα μας να μαθαίνουμε να ομιλούμε, καθώς είναι απαραίτητο ο εγκέφαλος να «εκπαιδευτεί» κατά την νηπιακή ηλικία να μετασχηματίζει τα ακουστικά σήματα που φτάνουν στα ακουστικά του κέντρα σε λέξεις που εκφέρονται. Κάτι που βέβαια επιτυγχάνεται μέσω του κινητικού φλοιού.

Εκείνο όμως που ακολουθείται από ιδιαίτερες προεκτάσεις είναι η δυνατότητα, που όπως φαίνεται μας παρέχει η ύπαρξη των κατοπτρικών νευρώνων, να βλέπουμε τον εαυτό μας σαν εξωτερικοί παρατηρητές. Έτσι, ο παρατηρητής γίνεται ταυτόχρονα το παρατηρούμενο, το «Είμαι» μπορεί να αντιλαμβάνεται το «Εγώ» και αντίστροφα.

Χάρη σ' αυτή την δυνατότητα μπορούμε όχι μόνο να έχουμε επίγνωση του εαυτού μας, αλλά και της βαθύτερης υπαρξιακής μας κατάστασης και στη συνέχεια να την προβάλλουμε στην εξωτερική, αντικειμενική πραγματικότητα και να επικοινωνούμε με τον υπόλοιπο Κόσμο. Συνεπώς ο κατοπτρικός μηχανισμός, μας προσφέρει μια γέφυρα για επικοινωνία και σύνδεση σε πολλαπλά επίπεδα με το περιβάλλον γενικότερα και με τα άλλα πλάσματα ειδικότερα.

Όταν ο «καθρέφτης» ραγίζει...

Η υποστήριξη αυτής της δυνατότητας από τους κατοπτρικούς νευρώνες επιβεβαιώθηκε κατά τα τέλη της δεκαετίας του 1990 από δύο άλλες ομάδες έρευνας, που εργάζονταν ανεξάρτητα μεταξύ τους. Η μία ήταν η ερευνητική ομάδα του Andrew Whiten στο Πανεπιστήμιο St Andrews της Σκωτίας και η άλλη που διατύπωσε και πρώτη τα συμπεράσματα της, ήταν του Vilayanous S. Ramachandran και της Lindsay M. Oberman, του Πανεπιστημίου του Σαν Ντιέγκο στην Καλιφόρνια.

Οι δύο ομάδες παρατήρησαν πως οι νευρώνες-κάτοπτρα έδειχναν να ευθύνονται ακριβώς για εκείνες τις συμπεριφορικές και σωματικές δυσλειτουργίες που εμφανίζονται στην ασθένεια του αυτισμού.

«Αν το σύστημα των νευρώνων-κατόπτρων πράγματι έχει ανάμειξη στην ικανότητα ερμηνείας σύνθετων προθέσεων, τότε η ύπαρξη βλάβης σε αυτό το σύστημα ίσως να αποτελεί την εξήγηση για το πιο χτυπητό έλλειμμα των αυτιστικών, δηλαδή την έλλειψη κοινωνικών δεξιοτήτων. Τα υπόλοιπα κύρια σημεία της διαταραχής –η απουσία ενσυναίσθησης, τα γλωσσικά ελλείμματα, η φτωχή ικανότητα για μίμηση κ.ά.– είναι επίσης πράγματα που θα ανέμενε κανείς να συμβούν στην περίπτωση δυσλειτουργίας των νευρώνων-κατόπτρων», αναφέρουν οι δυο ερευνητές.

Μετά από διαφορετικού είδους εξειδικευμένες παρατηρήσεις και μελέτες, σε παιδιά που έπασχαν από αυτισμό, και οι οποίες διεξήχθησαν και από άλλες ανεξάρτητες ομάδες, αποκομίσθηκαν από τους επιστήμονες ευρήματα που προσφέρουν πλέον ακλόνητες ενδείξεις για το ότι οι αυτιστικοί άνθρωποι υστερούν στην σωστή λειτουργία των κατοπτρικών τους νευρώνων. Κατά τη διάρκεια των ερευνών μέσω εγκεφαλογραφήματος, οι επιστήμονες εντόπισαν και μια άλλη παράμετρο ανίχνευσης της δυσλειτουργίας των νευρωνικών κατόπτρων, αυτή των κυμάτων μ (MU wave) του εγκεφάλου. Αυτά καταστέλλονται κάθε φορά που το εξεταζόμενο άτομο κάνει μια εκούσια κίνηση, ή βλέπει κάποιον άλλο να την εκτελεί. Κάτι που όμως δεν συμβαίνει σε όσους πάσχουν από αυτισμό.

Το επόμενο βήμα ήταν να χρησιμοποιήσουν αυτό το γεγονός στην μέθοδο θεραπείας των αυτιστικών μέσω Βιοανάδρασης, μια προσέγγιση που ακολούθησε η Jaime Pineda με πολύ ενθαρρυντικά αποτελέσματα.

Η Βιοανάδραση είναι ένας μηχανισμός, ο οποίος μας πληροφορεί σχετικά με την πρόοδο ή τον αντίκτυπο που επιφέρει κάποια συγκεκριμένη ενέργειά μας και εφαρμόζεται με την μέθοδο της Νευροανάδρασης. Μια μέθοδο επίτευξης της συνειδητοποίησης των μέχρι τώρα ασυνείδητων λειτουργιών και αλληλεπιδράσεων του εγκεφάλου.

Εν προκειμένω, ο ασθενής μπορεί με το σύστημα δοκιμής–λάθους και οπτικής ανατροφοδότησης, να μάθει να καταστέλλει την πρέπουσα στιγμή τα κύματα μ του εγκεφάλου του, που βλέπει να προβάλλονται στην οθόνη ενός υπολογιστή συνδεδεμένου με τον εγκέφαλο του.

Στην ουσία, εκείνο που συμβαίνει σ' αυτή την περίπτωση είναι ότι με την Νόηση του ο ασθενής, παρατηρεί την εσφαλμένη λειτουργία του ίδιου του εγκεφάλου του και του δίδει τις κατάλληλες εντολές για να την διορθώσει. Με άλλα λόγια η Συνείδηση-Παρατηρητής (ή το software αν θέλετε) επιδιορθώνει τον εγκέφαλο-παρατηρούμενο (hardware), δημιουργώντας και εδραιώνοντας με την επανάληψη τις νέες σωστές συνάψεις.

«Κανείς στο πουθενά.»

Είναι εκπληκτικό το γεγονός πως αυτή την δυνατότητα αυτοθεραπείας, την χρησιμοποίησε ενστικτωδώς, και πολλά χρόνια πριν γίνουν γνωστά όλα αυτά, η Donna Williams ένα αυτιστικό παιδί που προσπαθούσε να βγει από το τραγικό του αδιέξοδο. Η ιστορία της έγινε γνωστή στον επιστημονικό κόσμο αλλά και στο ευρύτερο κοινό από την ίδια της την αυτοβιογραφία, την οποία έγραψε μετά την αποφοίτηση της από το πανεπιστήμιο ως ψυχολόγος.

Η Ντόννα ζούσε τα πρώτα χρόνια της δύσκολης ζωής της στον δικό της αποκλειστικό κόσμο μέσα σε ένα ιδιαίτερα προβληματικό και αδιάφορο οικογενειακό περιβάλλον, που παράλληλα αγνοούσε το πραγματικό της πρόβλημα και απλά την θεωρούσε απροσάρμοστη και σπαστική. Δεν είχε συναίσθηση του σώματος της (δεν αντιλαμβάνονταν ότι ήταν **και** το σώμα της) και πολλές φορές ούτε και της παρουσίας των άλλων, σκαμπανεβάζοντας ανάμεσα στα όρια της αίσθησης και μη αίσθησης ακόμη και του ίδιου του χώρου. Η επικοινωνία της, όπως οι φυσιολογικοί άνθρωποι την εννοούν, ήταν εκ των πραγμάτων παντελώς ελλιπής.

Η αρχή για την μετέπειτα ενστικτώδη προσπάθεια της να βρει τον εαυτό της, έγινε όταν ήταν τεσσάρων περίπου χρονών στο σπίτι της Κάρολ, ενός άγνωστου κοριτσιού που την βρήκε να τριγυρνά «αδέσποτη», όπως χαρακτηριστικά αναφέρει η ίδια, στο πάρκο και την πήρε στο σπίτι της. Εκεί η Ντόννα άρχισε να επαναλαμβάνει σαν καθρέφτης ό,τι έκανε το άλλο κορίτσι, επειδή αυτό της έδινε κάποια σιγουριά, κάποια σταθερότητα ύπαρξης. Ένιωσε πως ήθελε να ζήσει εκεί μαζί της, «στον κόσμο της Κάρολ». Αλλά το κορίτσι την πήγε ξανά και την άφησε στο πάρκο. Ας «δούμε» όμως μέσα από τα δικά της μάτια όλα όσα την οδήγησαν στην αυτοθεραπεία της.

«Παρακολουθούσα την Κάρολ, γράφει η Ντόννα, να μου γνέφει αντίο και να μου μιλά καθώς έφευγε. Για πολλά χρόνια αναρωτιόμουν αν υπήρξε στ' αλήθεια, αφού μέχρι τότε κανείς άλλος δεν είχε καταφέρει να με τραβήξει στην κυριολεξία στον «έξω» κόσμο. Αυτή η άγνωστη, που συνάντησα μια μόνο φορά, έμελλε ν' αλλάξει την υπόλοιπη ζωή μου. Η Κάρολ ήταν για μένα «το κορίτσι στον καθρέφτη»....

...Στο δωμάτιο μου υπήρχε ένας μεγάλος καθρέφτης κι από εκεί μπορούσα να βλέπω την πόρτα του αδερφού μου... Η Κάρολ ερχόταν μέσα από τον καθρέφτη. Η Κάρολ ήταν ολόιδια με μένα, όμως η ματιά της πρόδιδε την ταυτότητα της. Ήταν εκείνη, ήμουν σίγουρη. Άρχιζα να της μιλάω κι εκείνη επαναλάμβανε... Όταν δεν στεκόμουν μπροστά στον καθρέφτη, η Κάρολ εξαφανιζόταν. Τότε αισθανόμουν εγκαταλειμμένη. Μόλις πήγαινα πάλι μπροστά, εμφανιζόταν ως δια μαγείας κι εγώ έψαχνα πίσω από τον καθρέφτη για να δω αν εξαφανίζονταν μέσα από την πόρτα που έβλεπα εκεί. Τελικά, δεν ήταν η πόρτα του αδερφού μου –ήταν το σπίτι της Κάρολ! Το δωμάτιο που έβλεπα στον καθρέφτη, ήταν μονάχα ένα δωμάτιο ανάμεσα στο δικό της και το δικό μου κόσμο. Τώρα καταλάβαινα το μυστικό. Αν κατάφερνα να περάσω μέσα από το δωμάτιο εκείνο, θα μπορούσα επιτέλους να φύγω μαζί της και να μπω στο δικό της κόσμο. Το μόνο μου πρόβλημα ήταν πώς να μπω μέσα στον καθρέφτη. Συνειδητοποίησα ότι αν ήθελα να πάω σε κείνο το δωμάτιο, έπρεπε να περάσω μέσα από τον καθρέφτη. Το προσπαθούσα τέσσερα ολόκληρα χρόνια. Δεν τα κατάφερα ποτέ και αναρωτιόμουν το γιατί. ...Έκλαιγα και κοιτούσα με

απόγνωση τα μάτια της Κάρολ μέσα στον καθρέφτη, περιμένοντας με αγωνία μια απάντηση, για το πώς θα βρω τρόπο να βγω από τη φυλακή της ψυχής μου... Τελικά, άρχισα να κάθομαι μέσα στο ντουλάπι, διπλωμένη σαν κουβάρι. Έκλεινα τα μάτια και προσπαθούσα, με όλη μου τη δύναμη, να χάσω την αίσθηση της δικής μου ύπαρξης, για να μπορέσω να μεταφερθώ νοερά στον κόσμο της Κάρολ. ...Εκεί, στο απόλυτο σκοτάδι του ντουλαπιού, εύρισκα την «Κάρολ» μέσα στον εαυτό μου...»

«Πρεσβευτές» της Συνείδησης;

Η τεχνική του κοιτάγματος του εαυτού κατάματα μέσα στον καθρέφτη, προκειμένου να εμβαθύνουμε στην ατομική μας αυτογνωσία, είναι παμπάλαια και γνωστή και η αποτελεσματικότητα της είναι ευθέως ανάλογη με την επιμονή και την τόλμη που επιδεικνύει ο ασκούμενος. Μέχρι τώρα ο μηχανισμός λειτουργίας της είναι άγνωστος, αλλά όπως διαφαίνεται από την συσχέτιση των νέων γνώσεων ίσως βρισκόμαστε μπροστά σε μια ακόμη επιστημονική εξήγηση του «μεταφυσικού ανεξήγητου». Η βάση της θεωρίας που αποτελεί απτή απόδειξη του μηχανισμού είναι η δοκιμασμένη με επιτυχία μέθοδος της Νευροανάδρασης. Και το ερώτημα που τίθεται είναι απλό! Ποιος Παρατηρεί; Αλλά δεν είναι το μόνο! Σ' έναν εγκέφαλο που δυσλειτουργεί, ποιος αποφασίζει και δίνει εντολές επιδιόρθωσης της λανθασμένης λειτουργίας; Στηρίζονται σ' αυτόν τον μηχανισμό όλες οι αυτοθεραπευτικές μας ικανότητες; Στην περίπτωση της Ντόννα Ουίλλιαμς Ποιος έψαχνε Ποιον; Τι ήταν αυτό που οδήγησε ένα αυτιστικό

ΕΙΡΗΝΗ ΛΕΟΝΑΡΔΟΥ

παιδί τεσσάρων ετών να αντικαταστήσει τους αδρανείς κατοπτρικούς νευρώνες του με ένα εξωτερικό καθρέφτη και να εκπαιδεύσει τον δυσλειτουργικό εγκέφαλο του εκ νέου;

Η Ντόννα ένιωθε τον εσωτερικό εαυτό της και μόνον αυτόν, χωρίς να έχει επαφή με το περιβάλλον. Οι εικόνες και οι ήχοι που έφθαναν «από έξω» ήταν χωρίς κανένα νόημα γι αυτήν ως την στιγμή που άρχισε να «παίζει» το παιχνίδι του «καθρέφτη» με το άγνωστο κορίτσι. Ο «εαυτός», το μόνο που η Ντόννα βίωνε, την έβαλε άλογα σε μια νέα διαδικασία. Την σωστή διαδικασία εκπαίδευσης των αναγκαίων νευρώνων και την δημιουργία των κατάλληλων συνάψεων.

Ήταν η ίδια η Συνείδηση της τελικά, εκείνη που αυθόρμητα την καθοδήγησε να αναπλάσει το κατάλληλο «υλικό» –με και χωρίς εισαγωγικά– που θα αποτελούσε, όπως και σε όλους τους υγιείς ανθρώπους, τους αντιπροσώπους της; Τους «Πρεσβευτές» της, μέσω των οποίων έρχεται σε επαφή και συναλλάσσεται με τον «έξω» αντικειμενικό Κόσμο;

Όμως ο αντικειμενικός κόσμος δεν είναι ένα απλό «έξω» από εμάς. Γίνεται υπαρκτός μέσα από ένα πλήθος πλασμάτων, υλικών πραγμάτων, γεγονότων και καταστάσεων που πρέπει να παρατηρηθούν και ταυτόχρονα, μέσα από τις σχέσεις όλων αυτών.

Η κατανόηση του «εγώ» και του «άλλο» και των αλληλεπιδράσεων τους, προϋποθέτει και την ικανότητα κατανόησης μεταφορικών σχημάτων. Μια ικανότητα που επίσης είναι ελλειμματική στα αυτιστικά άτομα, ακριβώς επειδή η γωνιώδης έλικα του εγκεφάλου που είναι υπεύθυνη γι αυτήν την λειτουργία, χρησιμοποιεί νευρώνες-κάτοπτρα γι αυτό τον σκοπό.

132

Η γωνιώδης έλικα βρίσκεται στο σημείο εκείνο όπου συναντώνται τα εγκεφαλικά κέντρα της όρασης, της ακοής και της αφής. Βάση όσων υποδεικνύουν τα ευρήματα των ερευνών, θεωρείται πως η διαισθητική αντιστοίχιση που εξάγει ένα κοινό παρονομαστή ανάμεσα σε πράγματα φαινομενικά ανόμοια, ίσως αρχικά να αναπτύχθηκε στα πρωτεύοντα για να τα βοηθά να αντεπεξέρχονται σε πολύπλοκες αντιδράσεις σε σχέση με το περιβάλλον τους.

Η καταδίωξη ενός θηράματος ή αντίστροφα η διαφυγή από μια επικίνδυνη κατάσταση που προκύπτει αιφνιδιαστικά, απαιτεί άμεση αφομοίωση οπτικών, ακουστικών, απτικών και κινητικών πληροφοριών. Σε ελάχιστα κλάσματα χρόνου επιβάλλεται ο θηρευτής ή το θήραμα, να προσομοιώσει νοερά όλη την αλληλουχία της σωστής αντίδρασης ώστε να έχει το επιθυμητό αποτέλεσμα.

Πέρα από τ' αστέρια...
Αυτή η ικανότητα μετεξελίχθηκε τελικά, στην ικανότητα δημιουργίας μεταφορικών σχημάτων.

Ο σπόρος της γόνιμης, δημιουργικής φαντασίας είχε αρχίσει να βλασταίνει. Η βιωματική γνώση μπορούσε πλέον να διαδοθεί και να βοηθήσει στην ανάπτυξη ενός νέου είδους σχέσεων και του πολιτισμού. Οι επιστήμονες που ασχολούνται με την αντίστοιχη έρευνα πιστεύουν πως το μεγάλο άλμα στην εξέλιξη του ανθρώπινου είδους οφείλεται στην εμφάνιση των νευρώνων-κατόπτρων. Έτσι, σύμφωνα με τους Vilayanous S. Ramachandran και Lindsay M. Oberman *«Με τους νευρώνες-κάτοπτρα οι άνθρωποι μπόρεσαν να απλώσουν το χέρι για ν' αγγίξουν τα αστέρια, κι όχι μόνο για να πιάσουν φιστίκια!»*

Η ικανότητα μας να προσομοιώνουμε νοερά γεγονότα και καταστάσεις δεν θα υπήρχε χωρίς την παρουσία των νευρωνικών κατόπτρων. Προκειμένου να χειριστούμε τις πληροφορίες που προσλαμβάνουμε από το περιβάλλον μας και να αντιδράσουμε σε αυτές, χρησιμοποιούμε αυτή την ικανότητα και μάλιστα σε τόσο απειροελάχιστο χρόνο ώστε δεν το αντιλαμβανόμαστε συνειδητά. Και εδώ τίθεται ακόμη ένα θέμα προς εξέταση, ένα θέμα «παραδοσιακά» μεταφυσικό. Αυτό της διαίσθησης ή ακόμη και της άμεσης γνώσης γεγονότων και καταστάσεων στα οποία δεν είμαστε παρόντες και δεν υπάρχει κανένας συμβατικός τρόπος να τα γνωρίζουμε.

Η ακαριαία μεταβίβαση πληροφορίας μεταξύ των κβαντικών «σωματιδίων» είναι από τους Φυσικούς επιστήμονες αποδεδειγμένη, αν και όχι ακόμη εξηγήσιμη. Με αυτό ως δεδομένο είναι δυνατόν πληροφορίες που φτάνουν από έξω στον εγκέφαλο μας, χωρίς όμως να γίνονται αντιληπτές από το συνειδητό, ίσως πυροδοτούν νευρώνες-κάτοπτρα οι οποίοι στη συνέχεια προσομοιάζουν την αντίστοιχη «συνθήκη» και τότε περνούν οι πληροφορίες και στο συνειδητό – θεωρώντας πως είχαμε μια ενόραση ή μια διαισθητική αντίληψη ενός συμβάντος.

Αξίζει να αναφέρουμε πως η Donna Williams κατά την διάρκεια της εφηβικής της ηλικίας είχε εμφανίσει την ικανότητα να μπορεί να «βλέπει», εν ώρα εγρήγορσης, το τι έκαναν οι φίλοι και οι συμμαθητές της όταν βρίσκονταν στα σπίτια τους και στην συνέχεια να το επιβεβαιώνει μιλώντας μαζί τους.

Αυτή της η ικανότητα ίσως οφείλεται στην συνειδητή και πολύχρονη «εργασία» της πάνω στον ίδιο της τον εγκέφαλο. Αποτελεί ωστόσο, αν μη τι άλλο, ένα ιδιαίτερο παράδειγμα των ικανοτήτων μας εκείνων που ακόμη δεν έχουμε αντιληφθεί και που ίσως στο μέλλον μας οδηγήσουν και πέρα από τα αστέρια...

Donna Williams

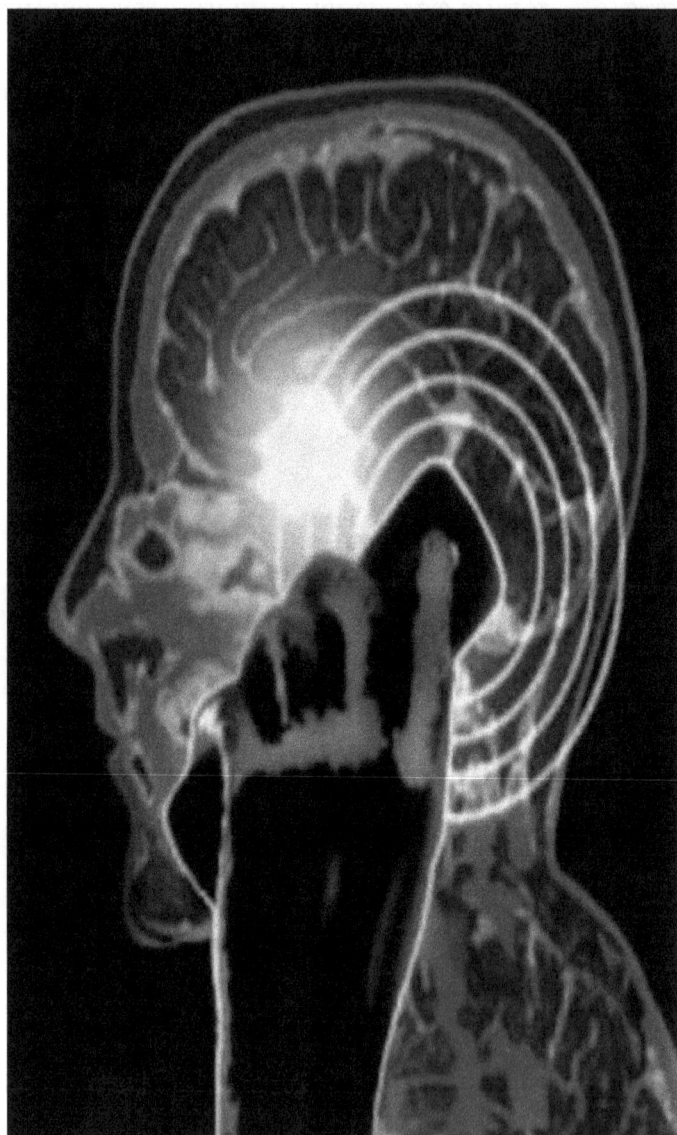

ΒΙΟΠΕΔΙΑ & ΔΥΣΜΕΝΕΙΣ ΣΥΝΤΟΝΙΣΜΟΙ

Στα πλαίσια της νέας οπτικής αντίληψης του φυσικού μας σώματος ως «ενεργειακής συμπύκνωσης» και της συνεχούς αλληλεπίδρασης του Βιοπεδίου μας με τα συνυπάρχοντα ενεργειακά πεδία του σύμπαντος (είτε αυτά έχουν φυσική είτε τεχνολογική προέλευση) δεχόμαστε επιρροές κατά κανόνα «επιθετικές», με την έννοια του εξαναγκασμού μας σε δυσαρμονική αντήχηση. Άμεσα συνήθως αυτές περνούν απαρατήρητες και μόνο εκ των υστέρων και βάση των αποτελεσμάτων τους αντιλαμβανόμαστε την ενδεχόμενη επιρροή τους.

Πώς μπορούμε να έχουμε συνειδητή αντίληψη αυτής της κατάστασης και τι να κάνουμε για να την αντιμετωπίσουμε, τόσο σε φυσικό όσο και σε «μεταφυσικό» επίπεδο, ακόμη και όταν αυτή είναι εσκεμμένη;

Παρακολουθώντας τις τελευταίες τάσεις των ερευνητών αντιλαμβάνεται κανείς πως έχει αρχίσει να συνειδητοποιείται ευρύτερα η Ύπαρξη μας ως «Όντα Ενέργειας» που συνυπάρχουν, αλληλεξαρτώνται και αλληλεπιδρούν με «Αντικείμενα και Φαινόμενα Ενέργειας». Πως το Σύμπαν δεν είναι παρά ένα σύνολο ενεργειακών πεδίων με διαφορετικές Ιδιότητες και πιθανόν διαφορετικούς βαθμούς Συνείδησης. Αυτό, το δεύτερο, από μόνο του αποτελεί ένα τεράστιο θέμα, ωστόσο εδώ θα μας απασχολήσει συγκυριακά.

ΕΙΡΗΝΗ ΛΕΟΝΑΡΔΟΥ

«Όντα» (Βιοπεδία) θεωρούνται εκείνες οι συμπυκνώσεις ενεργειακών πεδίων που εμπεριέχουν το «είδος» της ενέργειας που αποκαλούμε Ζωτική. Η γνωστή Πράνα, Τσι, Οργόνη κλπ, ουσιαστικά δηλαδή η εντέχνως παρεξηγημένη Σεξουαλική. Διότι η φύση της Ενέργειας που, εκπηγάζοντας από την Πρώτη Δημιουργική Αρχή, παρέχει την Ιδιότητα της Ζωής είναι εκείνη την οποία εμείς αντιλαμβανόμαστε (ως κάποιο βαθμό) και αποκαλούμε Σεξουαλική. Τα Όντα τα διαχωρίζουμε σε Οργανικά και Ανόργανα. Οργανικά θεωρούμε όσα γίνονται αισθητά στο ευκλείδειο σύμπαν, ενώ Ανόργανα όσα εκδηλώνονται και κινούνται πέραν αυτού, και επομένως δεν γίνονται αισθητά από τις πέντε αισθήσεις. Κοινή Ιδιότητα των δύο ομάδων είναι η κατοχή βαθμών Συνείδησης, Ατομικής ή Συλλογικής ή και των δυο.

Κάτω από αυτό το πρίσμα, θα μου επιτρέψετε να προτείνω πως, «αντικείμενα» θα έπρεπε να θεωρούνται μόνο όσα προκύπτουν από την δράση των Όντων. Και για να περιοριστούμε στα δικά μας, όσα αποτελούν ανθρώπινες κατασκευές. Έτσι, σ' ένα πάρκο για παράδειγμα, οι παιδικές κούνιες είναι αντικείμενα.
Τα λουλούδια όμως και οι βράχοι που συνθέτουν ένα παρτέρι, είναι Όντα.

Το παρτέρι, το πάρκο, η πόλη στην οποία αυτό βρίσκεται, είναι «φαινόμενα». Ένα φαινόμενο μπορεί να υφίσταται επομένως εξ αιτίας φυσικών ή τεχνιτών διεργασιών ή και των δυο. Για την ακρίβεια, κάθε τεχνητό φαινόμενο στηρίζεται στην ύπαρξη και την διαδικασία ενός φυσικού. Το ίδιο και κάθε αντικείμενο. Είναι εύλογο πως δεν μπορούμε να έχουμε ένα *βραστό* αυγό χωρίς να

138

στηριχθούμε στο φαινόμενο του βρασμού, αλλά και στην ίδια την ύπαρξη του αυγού. Ο βρασμός είναι ένα φυσικό φαινόμενο. Το αυγό ένα Ον. Ή τουλάχιστον *ήταν* εν δυνάμει, πριν το βράσουμε...

Και να που μια τόσο απλή και συνηθισμένη πράξη μας όπως το βράσιμο ενός αυγού, μας φέρνει αντιμέτωπους με το «κανιβαλιστικό» Σύμπαν. Γιατί από την δική μας ανθρώπινη σκοπιά, το Σύμπαν «τρέφεται» από τις «σάρκες» του. Από την Συμπαντική, συμβαίνουν απλά ενεργειακές μεταβολές.

Τώρα που αρχίσαμε λοιπόν να σηκώνουμε τις παρωπίδες μας, ίσως είναι το σωστό timing να εξετάσουμε ιδωμένο και από την συμπαντική σκοπιά, και όσο αυτό είναι δυνατό με τις περιορισμένες γνώσεις μας, το θέμα των ενεργειακών «επιθέσεων» από τις οποίες βαλλόμαστε συνεχώς. Ακόμη, είναι πια καιρός να δράσουμε κατάλληλα ο καθένας ατομικά ώστε να μειώσουμε στο ελάχιστο δυνατό κάθε τέτοια επίθεση, είτε είναι αθέλητη είτε εσκεμμένη.

Όμως τι είναι αυτό που θα έπρεπε να θεωρείται «ενεργειακή επίθεση»;

Κάθε Βιοπεδίο δονείται στο δικό του ιδιαίτερο φάσμα συχνοτήτων. Οποιαδήποτε ενεργειακή επιρροή παρενοχλεί την απρόσκοπτη αυτή δόνηση πρέπει να θεωρείται «επιθετική». Αυτό σημαίνει πως Ιδανικό Περιβάλλον διαβίωσης μπορεί να είναι μόνο εκείνο στο οποίο το κάθε Ον ζει **Αρμονικά με τον Εαυτό του και το Σύμπαν** χωρίς να επηρεάζεται και να επηρεάζει **δυσμενώς** κανέναν και τίποτε. Μισό! Πριν γυρίσετε τις σελίδες αναζητώντας το επόμενο κεφάλαιο χαμογελώντας ειρωνικά, σκεφτείτε πως ζούμε σ' ένα Σύμπαν με άπειρες δυνατότητες και πως δεν είμαστε μόνο παρατηρητές αλλά και συμμέτοχοι στην διαμόρφωση της όποιας «πραγματικότητας». Και πως ζούμε σ' αυτήν που μας αξίζει σύμφωνα με *«με τα μυαλά που κουβαλάμε»*. Τώρα αν θέλετε συνεχίζετε το διάβασμα ή προχωράτε παρακάτω. Η επιλογή, όπως και κάθε **ΕΠΙΛΟΓΗ**, είναι δική σας!

Ωστόσο δεν πρέπει να παραβλέψουμε το γεγονός πως υπάρχουν Φυσικές συχνότητες που είναι δυσμενείς για τα Βιοπεδία. Στην Φυσική το αχανές φάσμα των συχνοτήτων έχει ονομαστεί Ηλεκτρομαγνητική ακτινοβολία και ορίζεται ως το είδος της ενέργειας που μεταδίδεται με τη μορφή κυμάτων, δηλαδή τοπικών και χρονικών μεταβολών του Ηλεκτρικού και του Μαγνητικού πεδίου.

Οι μεταβολές αυτές επηρεάζονται σε πλανητικό επίπεδο από τις καιρικές συνθήκες (*πχ καταιγίδες όπου το φυσικό ηλεκτρικό πεδίο αυξάνεται*), από την περιστροφή της Γης γύρω από τον Ήλιο, από τις εκλάμψεις του οποίου μεταβάλλεται το μαγνητικό πεδίο του πλανήτη μας (*μαγνητικές καταιγίδες*) και από τις ακτινοβολίες που δέχεται η Γη από το Διάστημα.

Όμως όλα αυτά αποτελούν το Φυσικό μας Περιβάλλον *μέσα στο οποίο γεννιόμαστε και επιβιώνουμε, τουλάχιστον ως είδος, παρ' όλο που σε ατομικό επίπεδο πάντα υπάρχουν απώλειες εξ αιτίας των δυσμενών επιδράσεων*. Για παράδειγμα, η επιστημονική έρευνα έδειξε πως κατά την διάρκεια των ηλιακών εκρήξεων βρίσκονται σε έξαρση επιδημίες γρίπης, αυξάνεται η θνησιμότητα από καρδιο-νευρολογικές παθήσεις, τα κρούσματα μηνιγγίτιδας και, κάτι που είναι ευρέως γνωστό, επηρεάζεται η ψυχολογία ευαίσθητων ομάδων του πληθυσμού.

Δυστυχώς σε όλη αυτή την Φυσική «επιθετική» κατάσταση, ερχόμαστε να συμβάλλουμε κι εμείς με την δράση μας. Έτσι, από την εποχή που ανακαλύφθηκε ο ηλεκτρισμός έως σήμερα που η τεχνολογία έχει σημειώσει αλματώδη ανάπτυξη, το περιβάλλον μας έχει πλέον αλλάξει ριζικά και όχι μόνο στο ευκλείδειο και νευτώνειο επίπεδο. Αλλά ας ξεκινήσουμε από τα αισθητά.

Και για να μην πάμε μακριά, μέσα στο ίδιο μας το σπίτι κυριαρχεί η συχνότητα των 50 Hz του δικτύου της ΔΕΗ από το οποίο τροφοδοτούνται οι ηλεκτρικές συσκευές. Η παρουσία της είναι διαρκής και ακτινοβολεί ακόμη και μέσα από τους τοίχους, εφ όσον εκεί βρίσκονται εγκαταστημένα τα καλώδια παροχής. Ακόμη, με την παρουσία των ηλεκτρονικών υπολογιστών και των φούρνων μικροκυμάτων προστίθενται και υψηλότερες συχνότητες (MHz).

Οι πιο ευαίσθητοι από εσάς είναι πολύ πιθανόν να αντιλαμβάνεσθε την ύπαρξη των επιπρόσθετων μη φυσικών ΗΜΓ πεδίων μέσα στο σπίτι σας, κυρίως όταν αυτά εξαλείφονται κατά την διάρκεια διακοπής του ηλεκτρικού ρεύματος από την ΔΕΗ. Είναι κάτι αντίστοιχο με το ότι «δεν ακούμε» κάποιο συνεχή ήχο που έχουμε συνηθίσει και αντιλαμβανόμαστε πως τον ακούγαμε μόλις αυτός σταματήσει.

Εκτός από τις συχνότητες που οφείλονται στο ηλεκτρικό δίκτυο υπάρχουν βέβαια και εκείνες που εκπέμπονται από ραδιοτηλεοπτικούς σταθμούς (300KHz – 500MHz), σταθμούς κινητής τηλεφωνίας (900 MHz) και σταθμούς ραντάρ και δορυφορικών επικοινωνιών (GHz).

Εδώ να προσθέσουμε πως κατά μήκος των αγωγών

ΕΙΡΗΝΗ ΛΕΟΝΑΡΔΟΥ

υψηλής τάσης εντοπίζεται και συσσώρευση της κοσμικής ακτινοβολίας που δέχεται η Γη, με αποτέλεσμα και ύστερα από σχετικές έρευνες, ασφαλής να θεωρείται η περιοχή μετά από απόσταση 200 μέτρων!

Μέσα από επιδημιολογικές έρευνες *έχει δειχθεί* πως στο σύνολο των ανθρώπων που κατοικούν σε περιοχές βεβαρημένες ηλεκτρομαγνητικά είναι αυξημένα τα κρούσματα: αιφνίδιου βρεφικού θανάτου, παιδικού καρκίνου, οξείας μυελώδους λευχαιμίας, αποβολών των εγκύων γυναικών, καρκίνου του στήθους, ανάπτυξης εγκεφαλικών όγκων και λεμφωμάτων. Επειδή όμως *δεν έχει αποδειχθεί* ή τουλάχιστον δεν έχει ανακοινωθεί από επίσημους φορείς ότι *έχει αποδειχθεί*, εξακολουθούν να μη λαμβάνονται τα επιπλέον απαραίτητα για την αντιμετώπιση της κατάστασης μέτρα, παρά το πόρισμα της μελέτης της αμερικάνικης NCRP (Επιτροπή του Συμβουλίου προστασίας από της ακτινοβολίες), που διέρρευσε στο περιοδικό "Microwave News" το καλοκαίρι του 1995.

Ωστόσο από σχόλια των ίδιων των συντακτών της έκθεσης που ήταν όλοι τους εμπειρογνώμονες μεγάλου επιστημονικού αναστήματος είναι φανερό ότι «...*είχαν πλήρη συναίσθηση ότι η καθιέρωση ορίων επικινδυνότητας για την ηλεκτρομαγνητική ακτινοβολία με βάση μόνο τα επιστημονικά στοιχεία (χωρίς τη θεώρηση και των τεχνο-οικονομικών συνεπειών), θα οδηγούσε στην κατάρρευση του σημερινού συστήματος παραγωγής και διανομής αγαθών.*»

Και όχι μόνο! Δεν χρειάζεται να σας ζητήσω να φανταστείτε τη ζωή μας χωρίς την χρήση του ηλεκτρισμού! Όλοι μας έχουμε εμπειρία των διακοπών της παροχής από το δίκτυο, που συμβαίνουν κατά καιρούς!

142

Άλλωστε το ζητούμενο δεν είναι να ζήσουμε χωρίς την τεχνολογία, αλλά η ασφαλής χρήση της.

Ας δούμε τώρα τι μπορούμε να κάνουμε εμείς, μέσα στα πλαίσια του δυνατού, ώστε να μειώσουμε τις δυσμενείς επιβαρύνσεις.

Κατ' αρχήν μπορούμε να επιλέξουμε ώστε οι μόνιμες κατοικίες μας καθώς και τα σχολεία όπου φοιτούν (ή *φυτούν* αν θέλετε) τα παιδιά μας να βρίσκονται σε απόσταση μεγαλύτερη των διακοσίων μέτρων από γραμμές υψηλής τάσης.

Σε περίπτωση που πρόκειται να αγοράσουμε δικό μας σπίτι είναι φρόνιμο να το κάνουμε όταν αυτό βρίσκεται σε αρχικό στάδιο της κατασκευής του ώστε, ο πίνακας της ηλεκτρικής εγκατάστασης να τοποθετηθεί στο πλέον απόμερο σημείο του και να απαιτήσουμε από τον ηλεκτρολόγο να μην «στρίψει» μαζί τα καλώδια από ουδέτερους αγωγούς διαφορετικών κλάδων, διότι έτσι δημιουργείται ανισορροπία ρευμάτων με αποτέλεσμα μαγνητικά πεδία 10 mG ακόμη και σε απόσταση δύο μέτρων από τους τοίχους. Επίσης να δώσει παροχή από ξεχωριστή γραμμή στην πρίζα όπου θα συνδεθεί το ψυγείο (θα δούμε παρακάτω για ποιο λόγο).

Οι γειώσεις, που έχουν καθοριστική σημασία για την αντιμετώπιση των πεδίων, πρέπει να γίνουν μέσω του υδραυλικού και αποχετευτικού συστήματος και όχι μέσω των σωληνώσεων παροχής νερού και να μην τοποθετηθεί σύστημα θέρμανσης με ηλεκτρικές αντιστάσεις στο πάτωμα, το ταβάνι ή τους τοίχους. Το κλασσικό καλοριφέρ είναι το πλέον ασφαλές.

Σε προσωπικό επίπεδο τώρα να μην χρησιμοποιούμε, παρά μόνο σε περιπτώσεις έκτακτης ανάγκης, το κινητό τηλέφωνο και κυρίως να αποφεύγουμε να το έχουμε μέσα σε τσέπες και γενικά σε επαφή με το σώμα μας.

Ακόμη σε κάθε περίπτωση να αποφεύγουμε την χρήση, ηλεκτρικής κουβέρτας ή θερμοφόρας (μπορούμε να ζεστάνουμε το κρεβάτι πριν ξαπλώσουμε και μετά να την απομακρύνουμε), θερμαινόμενων στρωμάτων νερού, ηλεκτρικής ξυριστικής μηχανής και οδοντόβουρτσας, επιτραπέζιων λαμπτήρων φθορισμού, ηλεκτρικών ρολογιών (ξυπνητήρια) δίπλα στο κρεβάτι.

Τα υπνοδωμάτια να έχουν όσο το δυνατό λιγότερες ηλεκτρικές συσκευές τις οποίες να βγάζουμε από την πρίζα όταν δεν τις χρησιμοποιούμε.

Να χρησιμοποιούμε όσο γίνεται λιγότερο και μόνο για ζέσταμα το φούρνο μικροκυμάτων, τον οποίο πρέπει να έχουμε τοποθετημένο σε ψηλό ράφι και να διατηρούμε απόσταση τουλάχιστον μισού μέτρου όταν βρίσκεται σε λειτουργία. Επίσης να αποφεύγουμε όσο γίνεται τη χρήση των σεσουάρ μαλλιών και της ηλεκτρικής σκούπας, την οποία μπορούμε να αντικαθιστούμε με την κλασσική όπου αυτό είναι δυνατό.

Να αντικαταστήσουμε τον υπολογιστή μας με ένα μοντέλο χαμηλής ακτινοβολίας και να καθόμαστε σε απόσταση πάνω από μισό μέτρο από την οθόνη του. Εδώ προσοχή ώστε να μην βρίσκεται κανείς στο πίσω μέρος της τουλάχιστον σε απόσταση ενός μέτρου.

Να διατηρούμε απόσταση πάνω από δυο μέτρα από την οθόνη της τηλεόρασης και να τοποθετήσουμε τα έπιπλα στο καθιστικό έτσι ώστε να μη βρίσκονται σε επαφή με ηλεκτρικές συσκευές, πρίζες και κυρίως από το σημείο εισόδου του καλωδίου παροχής ηλεκτρισμού από τη ΔΕΗ.

Στους χώρους εργασίας να μην υπάρχουν πολλοί ΗΥ και κυρίως να τοποθετούνται σε απόσταση ασφαλείας όχι μόνο για τους χρήστες αλλά και για όσους εργάζονται γύρω από αυτούς.

Τέλος, το βράδυ πριν κοιμηθούμε και όσο κι αν σας φαίνεται αστείο, να κατεβάζουμε τον γενικό διακόπτη της ΔΕΗ (γι αυτό και ζητήσαμε ξεχωριστή παροχή για το ψυγείο), αφήνοντας αναμμένα κεράκια (ρεσώ) ώστε να μπορούμε να κυκλοφορούμε όταν χρειάζεται. Άλλωστε οι φλόγες των κεριών δημιουργούν στην ατμόσφαιρα αρνητικά ιόντα, τα οποία είναι ευεργετικά για μας.

Όμως δυστυχώς και σύμφωνα με τα στοιχεία που έδωσαν οι έρευνες σε παγκόσμιο επίπεδο, οι ΗΜΓ ακτινοβολίες χρησιμοποιούνται, επιθετικά και μεθοδευμένα, από τον στρατό και τις Μυστικές Υπηρεσίες των κρατών που διαθέτουν την αντίστοιχη τεχνολογία. Τα θύματα τους είναι είτε συγκεκριμένα άτομα (λόγοι πολιτικής σκοπιμότητας κλπ) είτε ο ευρύτερος πληθυσμός (νοητικός έλεγχος και καταστολή της ελεύθερης βούλησης).

Για τον σκοπό αυτό έχουν δημιουργηθεί εδώ και πολλές δεκαετίες πολλά και γνωστά προγράμματα (MONTAUK, HAARP...) τα οποία και βρίσκονται σε εφαρμογή.

Όσον αφορά την προστασία από αυτό τον σκοτεινό πόλεμο δυστυχώς δεν υπάρχουν εύκολοι τρόποι. Ο μοναδικός που υπάρχει για την ακρίβεια και είναι κατά 99,99% αποτελεσματικός, είναι η **ισχυροποίηση του Βιοπεδίου** μας και το τι σημαίνει αυτό και πώς επιτυγχάνεται θα το δούμε στη συνέχεια. Όμως ευτυχώς υπάρχουν οι **Αιθερικοί Μετατροπείς**[1], που βασίζονται στην τεχνολογία του Wilhelm Reich, και που μας εξασφαλίζουν το βασικό στάδιο προστασίας σε επίπεδο Βιοπεδίου αλλά και ζωτικού χώρου ούτως ώστε να μπορούμε να έχουμε μια αρχική ευχέρεια κινήσεων πάνω στις οποίες θα στηρίξουμε την δράση για την αυτοάμυνα μας. Μετατρέπουν τις δυσμενείς συχνότητες, ενισχύουν τα επίπεδα της Οργόνης και αποκαθιστούν τη φυσιολογική της ροή, ώστε να μπορούμε να αντεπεξέλθουμε μέσω ψυχονοητικής εργασίας στην αντιμετώπιση των ανεπιθύμητων συντονισμών. Στο νευτώνειο σύμπαν εξουδετερώνουν τα μικροκύματα και τις μικρής ισχύος ιονίζουσες ακτινοβολίες, στο δε ριμάνειο εξουδετερώνουν τα βαθμωτά πεδία και το γεωπαθητικό στρες.

Επί τη ευκαιρία να πούμε δε ότι, τα γνωστά Chemtrails (βλ Μετεωρολογικός πόλεμος) δεν επιδρούν μόνο μέσω του βιοχημικού μας συστήματος αλλά και με την συννεφιά που προκαλούν ρίχνουν σε χαμηλά επίπεδα την Οργόνη της ατμόσφαιρας με αποτέλεσμα όχι μόνο την καταστολή της ψυχολογίας μας αλλά και των ζωτικών μας λειτουργιών. Επιδρούν δηλαδή επιθετικά σε όλο τα φάσμα του Βιοπεδίου μας.

Ως Βιοπεδίο στην παράδοση των Τολτέκων αναφέρεται το *κουκούλι του ανθρώπου* και παρά την διαφορά της ορολογίας θεωρείται επίσης ως ενεργειακό πεδίο. Στην ανατολική παράδοση είναι γνωστό ως *αύρα* και αποτελείται από το σύνολο των «σωμάτων» που απαρτίζουν κάθε Ον. Αυτά τα «σώματα», μη εξαιρουμένου του ευκλείδιου, δεν είναι παρά επιμέρους επίπεδα συχνοτήτων δόνησης της Ύπαρξής μας και εκτείνονται μέσα στο χωρόχρονο σε μεγάλη «απόσταση» από αυτό που ο κοινός άνθρωπος αντιλαμβάνεται ως το σώμα του.

Τα διάφορα επίπεδα, των κοινών για όλους συχνοτήτων, θεωρούνται «Κόσμοι» και λειτουργούμε μέσα σε αυτά με το αντίστοιχο για κάθε επίπεδο «σώμα» μας. Έτσι αν θέλουμε να επέμβουμε και να επηρεάσουμε κάποιο από αυτά μπορούμε να το επιτύχουμε μέσω κάποιου άλλου ή όλων των υπολοίπων.

Εργαλείο μας σε αυτή την εργασία είναι βέβαια ο εγκέφαλος μας που βρισκόμενος μεν στο ευκλείδειο επίπεδο, χρησιμοποιεί το χαμηλό φάσμα των συχνοτήτων (ELF) για να έχει πρόσβαση στα υπόλοιπα επίπεδα Ύπαρξης μας, καθώς και στους διαφορετικούς «Κόσμους».[2] Ακριβώς γι αυτό τον λόγο οι επίκτητες συχνότητες ELF θεωρούνται και οι πλέον επικίνδυνες. Παρεμβαίνουν στην απρόσκοπτη λειτουργία του εγκεφάλου, συντονίζοντας τον σε διαφορετικά πρότυπα λειτουργίας από τα δικά του. Θα μπορούσαμε να πούμε πως υπονομεύουν την ελεύθερη βούληση του.

Σε μια μάχη, χρειάζεται πρώτα απ' όλα στρατηγική. Στη συνέχεια κάποιο αμυντικό οχυρό, ένας τόπος ή τρόπος προστασίας. Και βέβαια τα κατάλληλα όπλα και κυρίως η γνώση και η εξοικείωση της χρήσης τους.

Όπως είναι ευνόητο, στην προκειμένη περίπτωση, η στρατηγική χρειάζεται να είναι ρευστή και να προσαρμόζεται από τον καθένα στις ανάγκες της στιγμής. Το οχυρό το δημιουργούμε με την βοήθεια των Αιθερικών Μετατροπέων και όσο για τα αμυντικά «όπλα» αντιλαμβάνεστε πως οφείλουν να είναι ενεργειακής φύσης, όπως και τα επιθετικά.

Εδώ, ανοίγει ένα άλλο κεφάλαιο που θα μπορούσε κανείς να πει πως άπτεται «μαγικών» πρακτικών. Ωστόσο, τώρα που αρχίσαμε να αντιλαμβανόμαστε ευρέως πως η παραδοσιακή «Μαγεία» δεν είναι κάτι ανεξήγητο, αλλά στηρίζεται σε φυσικούς νόμους, δεν έχουμε παρά να τους χρησιμοποιήσουμε για την αυτοάμυνα μας όπως άλλωστε συνέβαινε από την αρχή της Ιστορίας από όσους είχαν την αντίστοιχη γνώση.

Εκείνο που θα πρέπει να γίνει συνειδητό είναι πως όλοι ανεξαιρέτως οι άνθρωποι έχουν εν δυνάμει τις ικανότητες να το κάνουν και πως είναι μόνο θέμα εκπαίδευσης.

Η ιδιαιτερότητα στην προκειμένη περίπτωση είναι το ότι η χρήση αυτών των φυσικών νόμων, θα γίνει με στόχο την ενδυνάμωση του ατομικού μας ενεργειακού πεδίου σε όλα τα επίπεδα. Και αυτό σημαίνει, από πράξεις απλές όπως η σωστή διατροφή έως και παραδοσιακές πρακτικές του εσωτερισμού.

Είμαστε εμείς οι ίδιοι Ενεργειακά Πεδία με την επιπλέον Ιδιότητα της συχνότητας της Ζωής. Ως τέτοια έχουμε άμεση πρόσβαση σε όλα τα υπόλοιπα ενεργειακά πεδία. Εκείνο που χρειάζεται να κάνουμε είναι να εστιάσουμε την προσοχή μας στο επιθυμητό αποτέλεσμα και να δράσουμε. Αυτό θα το επιτύχουμε μέσω της Θέλησης και της Φαντασίας. Η Φαντασία, λέει ο Ελιφάς Λεβί, όταν συμβαδίζει με τη λογική γίνεται μεγαλοφυΐα.

Τελειώνοντας, δεν θα έπρεπε να παραλείψουμε να αναφερθούμε κι σ' εκείνους τους δυσμενείς συντονισμούς στους οποίους υποκείμεθα μέσα από την επαφή μας με τα υπόλοιπα Όντα που ζουν γύρω μας. Είτε αυτά είναι ανθρώπινα ή μη ανθρώπινα, γήινα ή μη γήινα, οργανικά ή ανόργανα.

Όπως καταλαβαίνετε, όσα από αυτά μπορούν να γίνουν αντιληπτά από τις ανθρώπινες αισθήσεις μας έχουμε και την ευχέρεια να τα αντιμετωπίσουμε ανάλογα με το αν μας αποσυντονίζουν και κατά πόσο.

Επίσης, έχουμε την ευχέρεια να αντιμετωπίσουμε και όσα μπορούμε να αντιληφθούμε, ας το πω απλά, με την έκτη μας αίσθηση, όσοι τουλάχιστον της αποδίδουμε την απαιτούμενη προσοχή!

Ωστόσο, υπάρχουν και «Καταστάσεις Ύπαρξης» για τις οποίες όχι μόνο δεν μπορούμε να μιλήσουμε αλλά ούτε καν να τις συλλάβουμε διανοητικά. Σ' αυτή την περίπτωση, που ευτυχώς είναι οριακή, απλά.... αυτοσχεδιάζουμε! Όμως! Για να είμαστε σε θέση να το κάνουμε αυτό, πρέπει να είμαστε ήδη καλά εκπαιδευμένοι.

Υπάρχουν όμως και απλά Τελετουργικά που λειτουργούν βάση του Νόμου της Μαγνητικής Αλυσίδας και που λόγω των αιώνων χρήσης τους έχουν αποκτήσει αυτόνομη Δύναμη επιρροής. Και μην σας σοκάρει η λέξη «Τελετουργικά», καθώς Τελετουργία είναι η κάθε πράξη που γίνεται με Εστιασμένη Πρόθεση.

Η Dion Fortune περιγράφει αναλυτικά τα πλέον απαραίτητα από αυτά στο βιβλίο της «Ψυχική Αυτοάμυνα» και καλό είναι να τα κάνουμε κτήμα μας και να τα χρησιμοποιούμε συστηματικά σε καθημερινή βάση. Ακόμη κι αν δεν μπορούμε να αντιληφθούμε τους δυσμενείς συντονισμούς που μας ταλανίζουν, δεν σημαίνει πως δεν υπάρχουν κι έτσι θεωρώ πως είναι απαραίτητη η χρήση τους ώστε να διασφαλίζουμε ένα «καθαρότερο περιβάλλον» διαβίωσης.

Ας ξεκινήσουμε κάνοντας ως πρώτο βήμα μια αναθεώρηση του τρόπου και του περιβάλλοντος της ζωής μας και στη συνέχεια ας καταστρώσουμε ο καθένας τη δική του στρατηγική.

Υπάρχουν μέσα και τρόποι για να επιτύχουμε αποτελεσματική αυτοάμυνα, αρκεί να μπούμε στη διαδικασία της Δράσης!

Σημειώσεις

[1] www.Onirocosmos.gr

[2] Βλ Κοσμικές Ροές: «Υπεραισθησιακή Επικοινωνία»

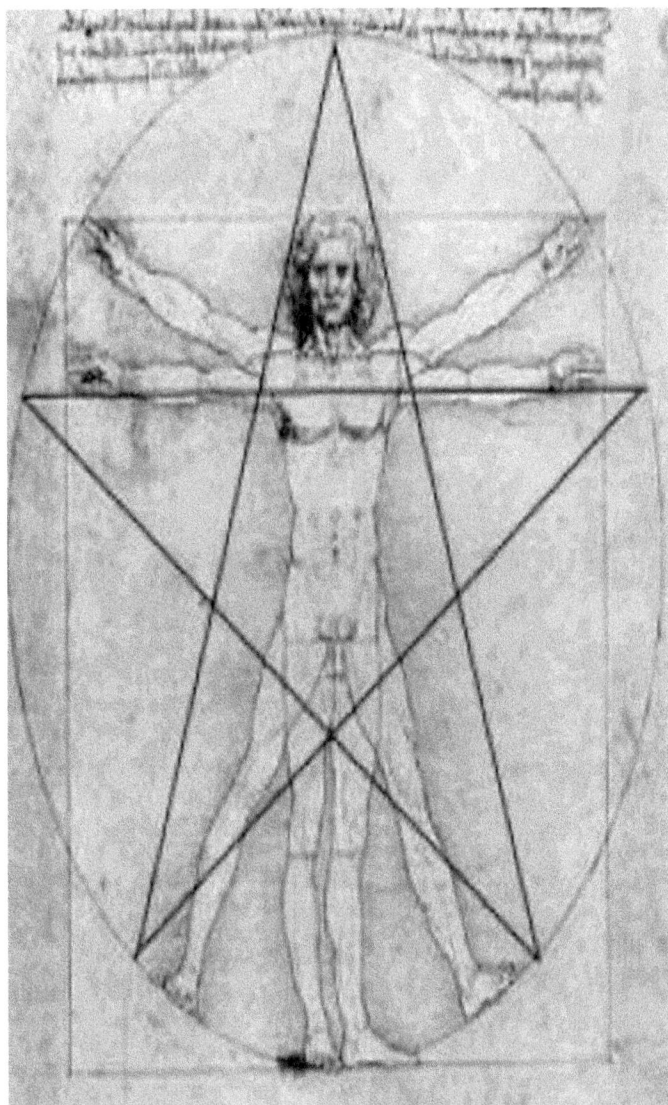

ΕΣΩΤΕΡΙΚΗ ΕΝΟΤΗΤΑ ΚΑΙ ΚΟΙΝΩΝΙΚΕΣ ...ΤΡΙΚΛΟΠΟΔΙΕΣ

Όταν ο άνθρωπος συνάσπισε τις πρώτες του κοινωνίες λειτούργησε από ένστικτο. Το ένστικτο της επιβίωσης. Αναρωτιέμαι, τώρα που οι κοινωνίες κατέληξαν να τον καταβροχθίζουν όπως ο Κρόνος τα παιδιά του, πού θα τον οδηγήσει το ένστικτο αυτό; Αλλά αυτή η απορία μου γεννά κι ένα ερώτημα τρομακτικό. Εξακολουθεί να διαθέτει ο άνθρωπος το ένστικτο της επιβίωσης; Μα, θα μου πείτε, τώρα πια έχει αναπτύξει νοημοσύνη, πολιτισμό, τεχνολογίες. Επιτεύγματα που τον βοηθούν να επιβιώνει στις νέες συνθήκες που επικρατούν. Και ακόμη ίσως αποφανθείτε, πως σαφώς και διαθέτει το βασικό του ένστικτο! Ωστόσο, το θέμα έχει προεκτάσεις πολύ βαθύτερες από την εικόνα που λαμβάνουμε με την πρώτη προσέγγιση.

Επιβίωση για τον άνθρωπο των σπηλαίων σήμαινε να παραμένει ζωντανός. Επιβίωση για μας σήμερα –θα έπρεπε να– είναι όχι μόνο η διατήρηση της βιολογικής μας ζωής, αλλά ως Άνθρωποι Σοφοί που υποτίθεται πως είμαστε, και η διατήρηση της εσωτερικής ζωοποιού φλόγας. Εκείνου του πυρηνικού σπινθήρα που μας καθιστά Άνθρωπο.

Και εδώ ακριβώς βρίσκεται και η ειρωνεία της όλης κατάστασης. Οι «πολιτισμένες» κοινωνίες είναι κατά κανόνα έτσι δομημένες ώστε όχι μόνο να μη διατηρείται ανέπαφος αυτός ο πυρήνας, αλλά να καταστέλλεται ευθείς εξ αρχής, πριν καν συνειδητοποιηθεί και αναπτυχθεί.

Ας μην αναφερθώ στο κραυγαλέο παράδειγμα του Τρίτου Κόσμου, που έτσι κι αλλιώς έχει γίνει μια πικρή καραμέλα χάνοντας την δύναμη τού να μας σοκάρει. Άλλωστε είναι γνωστή η ρήση για τις «εκατό βιτσιές»... Ας μείνουμε στη γειτονιά μας. Την πολιτισμικά ανεπτυγμένη και τακτοποιημένη. Με τις ανέσεις της και την ασφάλεια της. Και πάλι δεν θα αναφερθώ στις ακραίες περιπτώσεις της. Ας πάρουμε για παράδειγμα μια μέση αστική οικογένεια.

Οι γονείς εργάζονται αμφότεροι και κατά κανόνα καταφέρνουν να καλύπτουν τις βασικές τους ανάγκες. Έχουν δυο μικρά παιδιά και φροντίζουν να κάνουν ό,τι καλύτερο γι αυτά. Διάλεξαν ένα καταπληκτικό παιδικό σταθμό που στεγάζει και νηπιαγωγείο. Λίγο ακριβότερος βέβαια, αλλά το σχολικό περιμένει μπροστά στην είσοδο της οικοδομής. Βλέπετε στις έξι το πρωί, καταχείμωνο, δεν είναι εύκολο να περιμένεις με δυο αγουροξυπνημένα νήπια στο πεζοδρόμιο! Δυστυχώς η μητέρα τους δουλεύει στην άλλη άκρη της πόλης και χρειάζεται δυο ώρες για να φτάσει με τις συγκοινωνίες στη δουλειά της. Όμως και τι να κάνει; Με τόση ανεργία το μη χείρον, βέλτιστο!

Ο πατέρας ευτυχώς, ως ελεύθερος επαγγελματίας, είχε την δυνατότητα να βρει ένα μαγαζάκι μερικά τετράγωνα πιο κάτω. Δυστυχώς ως ελεύθερος επαγγελματίας, έχει να αντιμετωπίσει εκτός από την οικονομική στενότητα των πελατών του και τον ισχυρό ανταγωνισμό των πολυκαταστημάτων. Έτσι υποχρεώνεται να μένει δώδεκα ώρες στο μαγαζί, γιατί πού να περισσέψουν χρήματα για να πληρώνει υπάλληλο. Κατά καιρούς απασχολεί άτομα μέσω των προγραμμάτων του ΟΑΕΔ, αλλά ακόμη κι έτσι, όταν έχει αναδουλειά τα φέρνει δύσκολα.

Εντάξει, του αρέσει να δουλεύει. Αργία μήτηρ πάσης κακίας του έμαθαν στο σχολείο, αλλά να... Θα ήθελε να είχε ελεύθερο χρόνο, να μη γυρνά ψόφιος από την κούραση και φορτωμένος ένα σωρό έγνοιες και να έχει τη διάθεση να ασχοληθεί με τα παιδιά.

Να παίζει μαζί τους, να τους διαβάζει παραμύθια, να τους μαθαίνει καινούργια πράγματα! Ο γιος του θα πάει στο δημοτικό του χρόνου και ο καιρός περνά τόσο γρήγορα! Ούτε που κατάλαβε πότε μεγάλωσε τόσο. Και η μικρή, σαν χτες ήταν που πρωτοπερπάτησε και τώρα του ζητά ποδήλατο σαν του αδερφού της! Θα της πάρει την άνοιξη! Ένας ακόμη λογαριασμός στην πιστωτική, αλλά χαλάλι της!

Δεν θα ήθελε να χάσει τα παιδικά τους χρόνια με τίποτε. Θα ήθελε να βρίσκεται κοντά τους και να συμπαραστέκεται κι σ' εκείνη την ταλαίπωρη γυναίκα του που ασχολείται με τη φροντίδα και την ανατροφή τους.

Να τους μάθει όσο είναι καιρός, όπως έμαθε κι σ' εκείνον ο πατέρας του, πώς να γίνουν σωστοί άνθρωποι. Νομοταγείς πολίτες, εργατικοί οικογενειάρχες! Να σπουδάσουν, να μορφωθούν. Προπάντων να μορφωθούν! Χωρίς μόρφωση δεν σε λογαριάζει κανείς. Να, ακόμη κι αυτός που τέλειωσε το Λύκειο και πήγε δυο χρόνια σε τεχνική σχολή, με το ζόρι και τα καταφέρνει στον ανταγωνισμό. Να βγάλουν το πανεπιστήμιο, να πάρουν ένα χαρτί. Τι ένα; Στην εποχή μας ένα ίσον κανένα! Γι αυτό πρέπει να τα χαρεί όσο είναι ακόμη μικρά. Μετά θ' αρχίσουν το σχολείο και γράψε, διάβασε... Και αγγλικά! Από τώρα που είναι μικρά για να τα μάθουν καλά. Αργότερα και γερμανικά. Τουλάχιστον δυο ξένες γλώσσες! Κι ένα άθλημα για να γυμνάζονται και να μη τρέχουν αύριο μεθαύριο στις καφετέριες με ύποπτες παρέες, σαν τον γιο του ξαδέρφου του.

Αλήθεια τι κάνουν αυτοί; Χαθήκανε. Να τους τηλεφωνήσει να βγούνε κάποιο Σαββατόβραδο! Να πάνε σε κανένα ταβερνάκι για παϊδάκια, να ξεσκάσουνε λίγο! Να βγει κι η γυναίκα του να διασκεδάσει, που είναι όλο δουλειά, σπίτι, παιδιά και τηλεόραση. Ωχ, καλά που το θυμήθηκε! Πρέπει να πληρώσει και τα κοινόχρηστα. Πού τον έβαλε το λογαριασμό; Α, νάτος! Πω, πω! Τι νούμερα είναι αυτά; Αμάν αυτό το πετρέλαιο! Καλύτερα να το ξεχάσει το ταβερνάκι. Να τους καλέσουν στο σπίτι, να τους φτιάξει ο ίδιος μια από εκείνες τις σπέσιαλ μακαρονάδες του. Παγωμένες μπύρες και καλή παρέα. Το παν είναι η καλή παρέα! Αν και εδώ που τα λέμε ο ξάδερφος πολύ μονόχνοτος έγινε τελευταία. Όλο γρίνια και μουρμούρα είναι. Θα τους ψυχοπλακώσει πάλι με τα προβλήματα του... Άσε καλύτερα. Όταν θα του περισσεύουν χρήματα θα βγουν έξω, σε ουδέτερο έδαφος. Να μπορούν να σηκωθούν να φύγουν αν γίνει πολύ κουραστικός.

Ναι, άσε καλύτερα. Το Σάββατο, θα κοιμίσουν νωρίς τα παιδιά και θα περάσουν ένα ρομαντικό βράδυ οι δυο τους! Κρασί, αναμμένα κεριά κι εκείνο το CD με τη συλλογή από τα τραγούδια της εποχής τους! Εκείνο που ήταν προσφορά με το τηλεοπτικό περιοδικό. Ε, θα έχει και καμιά ταινία αργότερα σε κάποιο κανάλι, να χουχουλιάσουν κάτω από τις κουβέρτες. Και δε βαριέσαι μωρέ, ζωή είναι... θα περάσει!

156

Ναι, κακά τα ψέματα, έως εκεί φθάνει το ένστικτο της επιβίωσης του κοινωνικού ανθρώπου. Ως εκεί θέλουν οι κοινωνίες να φθάνει. Γιατί διαφορετικά απειλείται η δική τους επιβίωση. Όταν οι άνθρωποι αυτονομούνται και σηκώνουν κεφάλι, όπως θα όφειλαν ως άνθρωποι, τα κοπάδια διαλύονται.

Ένα κοπάδι ζώων επιβιώνει ως είδος επειδή παραμένει συγκεντρωμένο. Οι αντιλόπες, παραδείγματος χάρη, μετακινούνται και βόσκουν όλες μαζί ενώ κάποιες από αυτές αναλαμβάνουν χρέη παρατηρητή για την τυχόν εμφάνιση κινδύνου. Προστατεύουν όλες τα μικρά όλων και ο μοναδικός ανταγωνισμός εκδηλώνεται κατά την περίοδο του ζευγαρώματος.

Μια αγέλη όμως λιονταριών συσπειρώνεται μόνον όταν πρόκειται να κυνηγήσει. Μοιράζεται το θήραμα βάση ιεραρχίας και στη συνέχεια το καθένα αποτραβιέται στη δική του περιοχή, την οποία υπερασπίζεται με νύχια και με δόντια. Ζουν αυτάρκη και χωρίς περιττούς συμβιβασμούς, ελεύθερα και περήφανα ως την τελευταία στιγμή της ζωής τους.

Ο άνθρωπος, αν και ζώο αγελαίο, αναπτύσσοντας νοημοσύνη αντελήφθη τα υπέρ της συνεργασίας αλλά και της συμβίωσης και δημιούργησε τα κοπάδια-κοινωνίες. Η νοημοσύνη του όμως δεν στάθηκε ικανή να ελέγξει τα αγελαία του ένστικτα που ντύθηκαν την περιβολή του αθέμιτου ανταγωνισμού και οι λέξεις κοπάδι και αγέλη, έγιναν συνώνυμες ενώ δεν είναι. Σ' αυτές τις εκφυλισμένες κοινωνίες, στις οποίες όπως φαίνεται εκ των πραγμάτων, διατηρήθηκαν τελικά οι επίβουλες ιδιότητες κάθε συστήματος, είναι τα άτομα-μέλη τους που διαλύονται.

Για να το αντιληφθούμε αυτό άμεσα δεν έχουμε παρά να

κοιτάξουμε στον στενό μας κοινωνικό κύκλο. Στην ίδια μας την οικογένεια, στις προσωπικές μας σχέσεις, μέσα μας.

Θέλουμε να μας αγαπούν όταν είμαστε παιδιά και συμβιβαζόμαστε. Να είμαστε αρεστοί ως ενήλικες και συμβιβαζόμαστε –ακόμη κι αν αυτό απλά σημαίνει πως ακολουθούμε δίαιτες του θανατά επειδή είμαστε από τη φύση μας τροφαντούληδες. Επιθυμούμε την εύνοια των ανωτέρων στον εργασιακό μας χώρο ή την συμπάθεια ως προϊστάμενοι, και συμβιβαζόμαστε. Συμβιβαζόμαστε ως σύζυγοι, ως εργαζόμενοι, ως πολίτες ανίκανων κυβερνήσεων, και ούτω καθεξής. Ο κάθε εξαναγκασμένος όμως συμβιβασμός είναι μια ψεύτικη προβολή μας. Ένα πλήγμα στην εσωτερική μας ενότητα, μια εσωτερική διάλυση. Ένας υποκριτικός ρόλος [1] που δεν έχει καμιά σχέση με αυτό που Ουσιαστικά είμαστε.

Κι έτσι καταλήξαμε να συντηρούμε εκφυλισμένες κοινωνίες για ανυπόστατους Ανθρώπους. Ερχόμαστε στο Κόσμο κουβαλώντας στα γονίδια μας μια βαριά κληρονομιά. Σωματοποιήσεις που διαμορφώθηκαν στο διάβα αιώνων και αιώνων κοινωνικής συμβίωσης.

Όμως κάθε νόμισμα έχει δυο όψεις! Δεν είμαστε μόνο τα κύτταρα μας και η μνήμη τους. Ναι, είναι μια πανίσχυρη μνήμη καμιά αμφιβολία γι αυτό και μάλιστα το παιχνίδι παίζεται στο δικό τους γήπεδο, στο πεδίο της ύλης. Μόνο που αυτά τα κύτταρα δεν θα υπήρχαν αν στον πυρήνα τους δεν έκαιγε ο Ζωογόνος Σπινθήρας. Και -νιώστε το- αυτός κι αν έχει Δύναμη! **Την Δύναμη της ΥΠΑΡΞΗΣ!**

Όμως, το ζητούμενο από μέρος Του είναι και η διατήρηση **της ΜΝΗΜΗΣ της Ύπαρξης**, ακόμη και χωρίς την ύπαρξη των κυττάρων!

Εικονοποιείστε τη μνήμη σαν ένα ενεργειακό πεδίο. Όσο μεγαλύτερη η συνοχή του πεδίου, τόσο ισχυρότερη και η δύναμη του. Η ισχύς εν τη ενώση και γι αυτό, διαίρει και βασίλευε... Παλιά και συνηθισμένη τεχνική. Μοιραζόμαστε σε χίλια κομμάτια προσπαθώντας να συμβιβαστούμε με όλους και με όλα. Απαραίτητη προϋπόθεση ο συμβιβασμός για την ύπαρξη της κοινωνίας! Αυτό είναι κανόνας.

Αλλά κάθε κανόνας έχει και τις εξαιρέσεις του! Και δεν εννοώ εξαιρέσεις όπως ομάδες αναρχικών και τα συναφή. Κι αυτά άλλωστε εντάσσονται σ' ένα, διαφορετικό, κανόνα. Μιλώ για εξαιρέσεις ατομικές. Για το πότε επιλέγουμε **εμείς** να εφαρμόσουμε τον κανόνα ή την εξαίρεση του!

Βρισκόμαστε μπροστά σε μια μαθηματικά αντιστρόφως ανάλογη έννοια. Όσο περισσότερο γέρνει η ζυγαριά προς τη μεριά των κανόνων, τόσο επέρχεται μεγαλύτερη ατομική διάσπαση. Όταν η ζυγαριά κλίνει προς αυτή των εξαιρέσεων τόσο ενδυναμώνει η εσωτερική μας ενότητα.

Αλλά, αν διατυπώναμε μια μαθηματική εξίσωση, θα έπρεπε να είχαμε ανοίξει μία αγκύλη. Επειδή η εξίσωση έχει και δεύτερο σκέλος. Αυτό που αφορά την κοινωνία. Όσο περισσότερο γέρνει η ζυγαριά προς την πλευρά των κανόνων, τόσο μεγαλύτερη συνοχή αποκτά η κοινωνία. Όταν η ζυγαριά κλίνει προς αυτή των εξαιρέσεων, τόσο η κοινωνία διασπάται.

Και μη γελιέστε πως αν αντικαταστήσουμε τους κανόνες, με τις εξαιρέσεις τους, ότι θα βρούμε και τη λύση του προβλήματος! Για σκεφτείτε το. Και τι μπορούμε να κάνουμε, αναρωτιέστε προφανώς, να πάρουμε τα όρη και τα βουνά; Ή μήπως να ακολουθήσουμε το παράδειγμα των λιονταριών, όντας μέσα στις κοινωνίες; Αυτό βέβαια ακούγεται τρελό, αλλά έτσι κι αλλιώς η τρέλα δεν πάει στα βουνά! Θα μου πείτε ναι, αλλά πάνε τα λιοντάρια! Όχι. Δεν πάνε. Ήτανε πάντα εκεί! Εκεί που κάποτε ήμασταν κι εμείς. Ελεύθεροι και άγριοι σαν τα λιοντάρια και προ πάντων ΖΩΝΤΑΝΟΙ! Ζωντανοί ακόμη κι όταν άξαφνα μας άρπαζε το χέρι του θανάτου.

Αφήσαμε τα βουνά και τις στέπες και κρυφτήκαμε στις «τρώγλες» των μεγαλουπόλεων για την ασφάλεια και την επιβίωση μας. Γίναμε ζόμπι που κυκλοφορούν με σκυμμένα κεφάλια και μάτια θολά, ακολουθώντας μηχανικά τους ήχους από τα «καμπανάκια του Παβλώφ». Αυξηθήκαμε σε αριθμό κι εκφυλιστήκαμε ως είδος. Και τον εκφυλισμό κάθε είδους ακολουθεί η εξαφάνιση! Ή, η μετάλλαξη.

Η Φύση ναι, μπορεί να είναι αδυσώπητη, αλλά η Ζωή είναι ευφυής. Τώρα θα μου πείτε πώς είναι δυνατό να διαχωρίσουμε τη μια από την άλλη; Τι είναι η Φύση χωρίς τη Ζωή; «Τυφλά» Χαοτικά πεδία ενεργειών, θα έλεγα, και η Ζωή προέκυψε ως ένας αστάθμητος παράγοντας. Έχει την ευφυΐα να αυτοοργανώνεται, να κινείται, να αλλάζει, να μη μένει ποτέ στάσιμη. Και να μεταλλάζει όποτε χρειαστεί.

Βρισκόμαστε στο κατώφλι μιας τέτοιας, αναγκαίας μετάλλαξης. Όμως επειδή όλα ξεκινούν από το επίπεδο των Ιδεών (βλέπε Πλάτωνας), μη περιμένετε να αρχίσουν να εμφανίζονται ως δια μαγείας υπεράνθρωποι για να οδηγήσουν την ανθρωπότητα σ' ένα καινούργιο μέλλον.

Σύμφωνα με τα τρέχοντα πορίσματα της Φυσικής επιστήμης, τίποτε δεν υπάρχει έξω και ξέχωρα από τίποτα. Η Φιλοσοφία το φωνάζει αιώνες τώρα, επιτέλους το επιβεβαιώνει και η επιστήμη. Τα πάντα είναι μια ενεργειακή «σούπα», ένα αδιάσπαστο πεδίο ενεργειών. Έτσι οι Ιδέες, ή πιο τεχνικά το προσχέδιο, ταυτίζεται μαζί μας. Υπάρχει και μπορεί να διαμορφωθεί ανάλογα με τις ανάγκες των συνθηκών. Αλλά βέβαια, δεν μπορείς να συνεχίσεις να ζωγραφίζεις ένα πίνακα αν έχεις καταχωνιάσει το τελάρο και τα πινέλα σου κάτω από τη σαβούρα του υπογείου σου! Πρέπει να το καθαρίσεις πετώντας όλα τα άχρηστα, να βρεις τα σύνεργα της ζωγραφικής και να τα βγάλεις έξω στο φως.

Ας ξαναγυρίσουμε όμως σε όσα είπαμε για τα λιοντάρια. Και ας βρούμε τις ιδιότητες που τα χαρακτηρίζουν. Υποθέστε ότι βρισκόμαστε σε ένα φωτογραφικό σαφάρι κάπου στην Αφρική, έτσι για να μπούμε ευχάριστα στο ρόλο του εξερευνητή! Προσεγγίστε τα με αισθητήριες εικόνες και καταγράψτε όλες τις πληροφορίες που αποκομίζετε. Φέρτε αυτές τις πληροφορίες μαζί σας και χρησιμοποιήστε τις με τη βοήθεια της ανθρώπινης ευφυΐας στην καθημερινή σας ζωή.

Εφαρμόζοντας την ανθρωπιστική αρχή του να μη βλάπτετε ποτέ κανέναν και τίποτε, υπερασπιστείτε το ζωτικό σας χώρο, εσωτερικό και εξωτερικό, με «νύχια και με δόντια».

Όταν όλοι καταφέρουμε να σεβόμαστε όλους, δεν θα τίθεται πλέον το ζήτημα της υπεράσπισης. Ως τότε όμως οφείλουμε στον Εαυτό μας να το εγείρουμε και να το εφαρμόζουμε. Βλέπετε ακόμη κι ένα λιοντάρι δεν ενοχλεί κανέναν αν δεν καταπατηθεί η περιοχή του. Όσο για την δράση των πεινασμένων λιονταριών, εκεί βρίσκεται η διαφορά μας ως ανθρώπινα όντα και εκεί χρειάζεται να επιστρατεύσουμε την ευφυΐα μας.

Όμως σε ατομικό και πρακτικό επίπεδο, πώς μπορούν να μπουν στην πράξη όλα αυτά; Καλές οι θεωρίες, αλλά τι νόημα έχουν αν μένουν ανεφάρμοστες; Από πού να ξεκινήσει κανείς όταν βομβαρδίζετε συνεχώς από τις αποπροσανατολιστικές υποχρεώσεις του βιοποριστικού αγώνα και του πλήθους των κοινωνικών σχέσεων;

Μα ακριβώς από εκεί! Για να μαζέψουμε τα «κομμάτια» μας πρέπει πρώτα να ανιχνεύσουμε πού βρίσκονται σκορπισμένα.

Αναφερθήκαμε πιο πάνω στην αδιάσπαστη ολότητα του φυσικού κόσμου και στην νοερή εικονοποίηση του σαν ένα συνεχές ενεργειακό πεδίο. Αυτή είναι απαραίτητη, εφ όσον η βιολογία μας δεν μας επιτρέπει να έχουμε άμεση αντίληψη του πεδίου ως έχει και επίσης, διότι έτσι θα είναι πιο εύκολο να προσεγγίσουμε κάποιες τεχνικές.

Μια τέτοια τεχνική που εν προκειμένω θα μας βοηθούσε είναι η Ανακεφαλαίωση της παράδοσης των Τολτέκων. Δεν είναι βέβαια δυνατόν να αναλύσω εδώ όλη την τεχνική, αλλά μπορούμε να πούμε πού αυτή στηρίζεται.

Δεδομένου λοιπόν ότι είμαστε ένα ενεργειακό πεδίο, για την ακρίβεια μια συμπύκνωση ενεργειών που συνιστούν ένα πεδίο, ανταλλάσσουμε δυναμικό με όλα τα υπόλοιπα ενεργειακά πεδία γύρω μας. Όταν στις δράσεις μας εμπλέκονται τα συναισθήματα το αποτέλεσμα είναι να κατακρατούμε αφ' ενός συνηχήσεις από τα ξένα βιοπεδία (ενεργειακές ίνες κατά την ορολογία των Τολτέκων) και αφ' εταίρου να χάνουμε κάποια δικά μας ποσοστά ενέργειας, τα οποία εγκλωβίζονται στα βιοπεδία των άλλων.

Το ζητούμενο αποτέλεσμα που επιτυγχάνεται με την Ανακεφαλαίωση είναι η αποδέσμευση όλων των ξένων ινών και η ανάκτηση των δικών μας. Πιο απλά, ανακεφαλαιώνοντας τη ζωή μας, εγείρουμε από τη μνήμη μας εκείνες τις ψυχοσωματικές διεργασίες που στάθηκαν αιτία να χάσουμε κάτι από τον εαυτό μας και να επωμισθούμε ξένα «βάρη». Καθώς τώρα έχουμε θυμηθεί, μπορούμε εσκεμμένα και συνειδητά να αποβάλουμε καθετί ξένο και να ανακαλέσουμε οτιδήποτε δικό μας.

Δεν είναι κάτι που γίνεται από τη μια μέρα στην άλλη, όμως όσο πιο σύντομα ξεκινήσουμε τόσο το καλύτερο. Άλλωστε όταν γίνει η αρχή θα έχουμε αυθόρμητες αναδύσεις αναμνήσεων και σε κάθε τέτοια στιγμή θα πρέπει να αρπάζουμε την ευκαιρία για ένα ακόμη «ξεκαθάρισμα παλιών λογαριασμών»!

Παράλληλα χρειάζεται να φροντίζουμε σε συνεχή βάση να κάνουμε ανακεφαλαίωση της κάθε ημέρας ούτως ώστε να μην διαιωνίζουμε την ίδια κατάσταση.

Όμως δεν είναι μόνον οι τρίτοι παράγοντες που μας διασπούν με τις αλληλεπιδράσεις τους, αλλά ακόμη και στην επικράτεια του πεδίου μας, σημειώνεται λάθος κατανομή και διαχείριση των ενεργειακών πόρων.

Σ' αυτή τη περίπτωση μπορούμε να χρησιμοποιήσουμε μια διαλογιστική τεχνική από την Σούρατ Σαμπντ Γιόγκα.[2]. Σύμφωνα με τους Σατγκούρου ως έκτο ενεργειακό κέντρο (τσάκρα) κατά σειρά, θεωρείται το Ντόνταλ Κανουάλ, ο διπέταλος λωτός. Βρίσκεται πίσω από τα μάτια, αλλά ακριβώς στο κέντρο της εγκεφαλικής κοιλότητας, σ' ένα σημείο στο αιθερικό σώμα που αντιστοιχεί με τη θέση που έχει ο αδένας της επίφυσης. Είναι το κέντρο όπου εδρεύουν ο Νους και η Ψυχή, το κέντρο ελέγχου του υλικού σώματος. Αν θέλουμε να καλλιεργήσουμε μια συνειδητή εσωτερική ενότητα και να την διατηρήσουμε, χρειάζεται αρχικά να επικεντρωθούμε, με την βοήθεια του διαλογισμού, σ' αυτό ακριβώς το κέντρο και στην συνέχεια στο Τίσρα Τιλ, το Τρίτο Μάτι. Μόνο προβάλλοντας τον Εαυτό μας από το Τρίτο Μάτι μπορούμε να επιτύχουμε πραγματική εξέλιξη, χωρίς αντιπερισπασμούς και λάθη.

Ανακεφαλαιώνοντας, ας θυμηθούμε πως ο κάθε εξαναγκασμένος συμβιβασμός είναι μια ψεύτικη προβολή μας. Ένα πλήγμα στην εσωτερική μας ενότητα, μια εσωτερική διάλυση. Ένας υποκριτικός ρόλος που δεν έχει καμιά σχέση με αυτό που Ουσιαστικά είμαστε. Ας πάψουμε λοιπόν να σπαταλάμε την προσωπική μας ενέργεια ταυτιζόμενοι με τον καθένα από αυτούς. Ας την κρατήσουμε για μας και ας την στρέψουμε μέσα μας.

Να συσπειρωθούμε και να ενδυναμώσουμε τον εαυτό μας. Γινόμενοι άψογοι απέναντί του και άψογοι στις σχέσεις μας με τους γύρου μας. Και δεν αναφέρομαι σε στείρες ηθικές και ξεφτισμένες αξίες. Μιλώ για εκείνη την αίσθηση τιμής που βιώνει ο καθένας, όταν συνειδητοποιεί τις ευθύνες που του αναλογούν μέσα στην αλληλοεξάρτηση των πάντων.

Ας δώσουμε την ευκαιρία στους συνανθρώπους μας να είναι ο Εαυτός τους μη προσδοκώντας τίποτε περισσότερο από αυτούς. Η δική μας συμπεριφορά ας είναι το πράσινο φως* για το ξύπνημα της Ύπαρξης στις καρδιές τους. Κι εκείνοι οφείλουνε με τη σειρά τους να μας σεβαστούν και να δεχθούν αυτό που ουσιαστικά είμαστε. Εμάς και όχι τα προσωπεία που νομίζουν ή τους εξυπηρετεί να μας εκπροσωπούν.

Και ας μη συμβιβαστούμε με τίποτε λιγότερο.

164

Ένθετο

* Μιλώντας για «πράσινο φως» είναι ευκαιρία να εμβαθύνουμε λίγο στο θέμα, για όσους ενδιαφέρονται και για την «ακαδημαϊκή» του κάλυψη, ενθυμούμενοι την Πράσινη Ακτίνα της Αφροδίτης.

Στο Δέντρο της Ζωής (Καμπαλά), οι ενέργειες που αντιπροσωπεύονται από την Αφροδίτη –η οποία κατέρχεται ως Πράσινη Ακτίνα– ανήκουν στη Σεφίρα Νετζά. Η Νετζά στο μικρόκοσμο αντιστοιχεί στην ενστικτώδη συγκινησιακή ζωή της φύσης μας, την βάση των ενστίκτων. Το λιοντάρι, (ή όποιο άλλο …θεριό προτιμάτε), για να συνδέσουμε και τα προλεγόμενα.

Το πολικό αντίθετο της Νετζά είναι η Σεφίρα Χοντ που αντιπροσωπεύει την διάνοια, τον Ερμή, την ευφυΐα μας.

Μόνον αν συνεργαστούν αυτά τα δυο πολικά αντίθετα – ένστικτα και κατευθυντήριος νους– μπορούμε να έχουμε κάποιο επιτυχημένο αποτέλεσμα στην επόμενη Σεφίρα, Γεσούντ.

«Για να υπάρξει λειτουργικότητα πρέπει το Ζεύγος των Αντιθέτων να βρίσκεται σε ισορροπία, που με τη σειρά του καταλήγει σ' ένα εξισορροπημένο Τρίτο. Τα Ζεύγη των Αντιθέτων δεν είναι λειτουργικά, γιατί τα Σεφιρόθ αλληλοεξουδετερώνονται. Μόνον όταν εξισορροπήσουν και εκδηλωθούν εξελιχτικά σε ένα Τρίτο, ακολουθώντας το συμβολισμό του Πατέρα, της Μητέρας και του Παιδιού, αποχτούν δυναμική ενέργεια.» γράφει η D. Fortune στη Μυστική Καμπάλα.

Και για να διευρύνουμε την αντίληψή μας πέρα από το Καμπαλιστικό σύστημα, όλες οι προηγούμενες διεργασίες που λαμβάνουν χώρα στο τρίγωνο Νετζά-Χοντ-Γεσούντ, συνθέτουν με την ορολογία των Τολτέκων, τον Ένατο Κόσμο ή Κόσμο των Μάγων.

Όμως προσοχή! Για να προσεγγίσουμε αυτό το πρότυπο χρειάζεται να στραφούμε μέσα μας! Επειδή, σ' ένα πρώτο επίπεδο, όλα βρίσκονται μέσα μας. Σε δεύτερο, το «μέσα» και το «έξω» δεν υπάρχουν. Ακριβέστερα, είναι το ένα και το αυτό!

Σημειώσεις

[1] βλ. «Κατάλυση ρόλων»

[2] βλ «Κοσμικές Ροές» κεφάλαιο: «Η Γιόγκα του Ηχητικού Ρεύματος Ζωής»

ΚΑΤΑΛΥΣΗ ΡΟΛΩΝ

"The End" ή πώς να γίνετε «επαγγελματίες ηθοποιοί»

Και τώρα, ας μιλήσουμε για ρόλους. Αυτούς τους ρόλους που μας δόθηκαν στην διανομή του μεγάλου θιάσου του Κόσμου. Όσο για το "The End", αυτό αφορά στο τέλος του ερασιτεχνισμού. Παίζουμε που παίζουμε, τουλάχιστον ας το κάνουμε με επαγγελματισμό.

Θα μπορούσε να αφορά και το τέλος της Συμπαντικής παράστασης, όμως ένας σωστός ηθοποιός δεν μένει ποτέ άνεργος! Όλο και κάποια καινούργια Πραγματικότητα, συγνώμη, παράσταση ήθελα να πω, θα κάνει πρεμιέρα σε κάποια συνοικία του Σύμπαντος και πού ξέρετε; Ίσως σ' αυτή να έχουμε την ευκαιρία να επιδείξουμε και το σκηνοθετικό μας ταλέντο.

Γι αυτό ας μην αρχίσουμε τα …δράματα και τα κλάματα, απλά ας προετοιμαστούμε για την «δραματική» σχολή.

Βέβαια η συγκεκριμένη δραματική σχολή είναι κάπως ιδιάζουσα καθώς οι υποψήφιοι ηθοποιοί είμαστε διαφόρων ηλικιών, μόρφωσης, κουλτούρας, καταγωγής κλπ. Έχουμε όμως ένα κοινό στοιχείο, αυτό του ότι είμαστε ήδη έμπειροι ηθοποιοί, ακόμη κι αν δεν το γνωρίζουμε.

Αυτό ακριβώς είναι και το πρώτο μας «μάθημα». Να συνειδητοποιήσουμε ότι παίζουμε και να ανακαλύψουμε

169

τους ρόλους μας. Γιατί, όπως θα διαπιστώσετε, μας έχουν απονεμηθεί πολλοί ρόλοι.

Ας κλείσει λοιπόν η αυλαία κι ας αποσυρθούμε για λίγο στα παρασκήνια. Εκεί όπου οι μάσκες βγαίνουν και οι ρόλοι αποκτούν την θεωρητική τους διάσταση.

Και ας πάρουμε έναν από εμάς για παράδειγμα. Τον κύριο Τάδε. Άριστος ηθοποιός και με αρκετούς κύριους ρόλους! Υποδύεται τον γιο, τον αδερφό, τον εραστή, τον σύζυγο, τον πατέρα, τον επιστήμονα, τον επαγγελματία, τον συνάδελφο, τον γείτονα, τον οδηγό –αυτός κι αν είναι ρόλος– τον ανιψιό, τον εξάδελφο, τον θείο, τον κουμπάρο, τον φίλο και τον απλό γνωστό, τον ερασιτέχνη αθλητή... Παράλληλα «παίζει» και μικρορόλους όπως του αγοραστή, του πελάτη, του επαγγελματία ταξιδιώτη, του τουρίστα, ενίοτε του κηπουρού και πάει λέγοντας.

Όμως ποιος είναι ο κύριος Τάδε χωρίς τους ρόλους του; Καλή ερώτηση όμως -ΑΟΥού- ανήκει σε άλλο κεφάλαιο. Υποθέτουμε πως ο κύριος Τάδε το έχει διαβάσει κι έχει εμβαθύνει στο θέμα... και στον Εαυτό του! Ξέρει ποιος Ουσιαστικά είναι και έχει αντιληφθεί πως ο βαθύτερος εαυτός του βρίσκεται «αλλού» και όχι πάντως στους ρόλους όπου έχουν οδηγήσει το πρόσωπο του οι κοινωνικές διαμορφώσεις και οι συνθήκες. Βρίσκεται πίσω από την μάσκα. Δεν είναι η μάσκα.

Ως γνήσιοι αμφισβητίες λοιπόν, όταν οι άλλοι φορούν τις μάσκες της «αποκριάς» πάνω σ' αυτές της καθημερινότητας, εμείς ας βγάλουμε ΟΛΕΣ τις δικές μας! Άλλο όμως να το λες, κι άλλο να το κάνεις! Και πώς το κάνεις;

Αυτή τη φορά χρειάζεται να μπούμε στα χωράφια της ψυχολογίας και της ψυχανάλυσης και μην αρχίσετε να ρωτάτε αν θα χρειαστούμε τα αντίστοιχα πτυχία για να το κάνουμε. Αν έχετε έστω και την ελάχιστη ιδέα από ψυχαναλυτές, θα ξέρετε πως μόνοι σας τα λέτε, μόνοι σας τα αναλύετε!

Εκείνο που παίζει τον καθοριστικό ρόλο είναι η παρατήρηση-παραφύλαξη του εαυτού και των αντιδράσεων μας και οι εύστοχες ερωτήσεις την κατάλληλη στιγμή. Αλλά έτσι κι αλλιώς αυτό που σκοπεύουμε να κάνουμε δεν είναι αυτό ακριβώς που θα λέγαμε ψυχανάλυση. Και θεωρώ πως ο καθένας που έχει φτάσει στο εξελικτικό σημείο να μπει αυτοβούλως σ' αυτή τη διαδικασία, αργά ή γρήγορα θα είναι σε θέση να βρίσκει την σωστή ερώτηση στη σωστή στιγμή. Ας ρίξουμε όμως μια ματιά σ' αυτά τα «χωράφια» πριν αρχίσουμε να τα «καλλιεργούμε».

Σε γενικές γραμμές διαχωρίζουμε την Συνείδηση –που ορίζεται από τους ψυχολόγους ως το κέντρο των ψυχικών λειτουργιών– σε Συνειδητό και Ασυνείδητο.

Το **Συνειδητό** είναι η στιγμιαία, γενικότερη, «προσλαμβάνουσα» συνείδηση, που συνοδεύει τα γεγονότα του βιώματος. Πρόκειται για μια συνεχή διαδικασία της συνειδητοποιήσεως, η πορεία της οποίας καθορίζεται από την εναλλαγή των εξωτερικών θέσεων στη ζωή και εσωτερικών καταστάσεων. Έτσι διαφοροποιούμε το Συνειδητό σε *«αντικειμενικό»* και *«υποκειμενικό».*

Σε ατομικό επίπεδο η αντικειμενική όψη του Συνειδητού είναι αυτή που αποδέχεται την κατά συνθήκη κοινή πραγματικότητα και με την οποία «λειτουργούμε» ως κοινωνικά ανθρώπινα όντα στην καθημερινότητα μας.

Η υποκειμενική όψη από την άλλη είναι μεν «τμήμα» του Συνειδητού μας, αλλά βρίσκεται «πίσω» από την αντικειμενική. Είναι το «φίλτρο» που έχουμε αναπτύξει

ΕΙΡΗΝΗ ΛΕΟΝΑΡΔΟΥ

σύμφωνα με τις ιδιαίτερες πεποιθήσεις του στενότερου κοινωνικού κύκλου, αλλά και με τα καθαρά προσωπικά βιώματα και «πιστεύω».

Το Υποκειμενικό, ως φίλτρο, είναι σαν ένας μηχανισμός ο οποίος επιμελείται όλων αυτών τα οποία θεωρεί ασήμαντα ή αντίθετα με τις αποδεκτές πεποιθήσεις της κοινωνικής διαμόρφωσης, οι οποίες όμως έχουν ήδη αποθηκευτεί σ' ένα βαθύτερο επίπεδο. Μέρος αυτού του μηχανισμού είναι να αποτρέψει την υπερφόρτωση του νου με περισσότερες πληροφορίες από αυτές που μπορεί να διαχειριστεί. Απορρίπτει κάθε πληροφορία η οποία δεν συνάδει με τα καθιερωμένα πρότυπα πεποιθήσεων, ούτως ώστε αυτή να μην περάσει στο αντικειμενικό Συνειδητό *όπου μπορεί και να ενεργήσει*. Λειτουργεί ταυτόχρονα και σαν ένα είδος τράπεζας πληροφοριών, τις οποίες όμως κάτω από συγκεκριμένο τρόπο επίγνωσης μπορούμε να αντλήσουμε εσκεμμένα.

Το **Ασυνείδητο** από την άλλη είναι το κατώτερο στρώμα της Συνείδησης στο οποίο κατασταλάζουν όλες οι προηγούμενες εμπειρίες και, κατά τον Φρόιντ, είναι μια απέραντη «δεξαμενή» από την οποία οι εμπειρίες ανεβαίνουν πολλές φορές στο προσκήνιο του Συνειδητού με την ευκαιρία κάποιας άλλης εμπειρίας σύγχρονης, που συγγενεύει δηλαδή κατά κάποιο τρόπο μαζί τους. Το διαχωρίζουμε δε σε *«υποσυνείδητο», «ψυχοειδές ασυνείδητο»* και *«υπερσυνείδητο».*

Το *υποσυνείδητο* είναι η όψη που αντιπροσωπεύει οτιδήποτε που δεν έχει φθάσει στο συνειδητό είτε επειδή λόγω φυσιολογίας −περιορισμένη δυνατότητα αντίληψης των αισθητηρίων οργάνων ή ανυπαρξία προσλαμβανόντων

172

δεδομένων– δεν μπορεί να γίνει αντιληπτό, είτε διότι έχει «κοπεί» από την λογοκρισία του υποκειμενικού φίλτρου.

Το *ψυχοειδές ασυνείδητο* (όρος που εισήγαγε ο Γιούνγκ) αναφέρεται στο πιο θεμελιακό επίπεδο του ασυνείδητου και διαμορφώνεται από, ενώ παράλληλα γεφυρώνει, τον ψυχολογικό και σωματικό κόσμο. Πιο απλά, είναι υπεύθυνο για τις βασικές σωματικές λειτουργίες και για το πώς αυτές επηρεάζονται από την ψυχολογική μας κατάσταση και το αντίστροφο. Επίσης, αποτελεί το κοινό πεδίο πραγματικότητας ανάμεσα στο ατομικό μας Συνειδητό και το Υπερσυνείδητο μας και ως εκ τούτου, το επίπεδο συνάντησης της βαθύτερης Ατομικότητας μας με αυτές όλων των άλλων Υπάρξεων (το γνωστό Συλλογικό Ασυνείδητο του Γιούνγκ).

Τέλος, ως *υπερσυνείδητο*, χαρακτηρίζουμε εκείνη την εσώτερη όψη της Ύπαρξης μας που βρίσκεται σε θέση παρέκτασης, σε σχέση με τις υπόλοιπες όψεις της Συνείδησης και επομένως έχει την δυνατότητα μιας υπέρ αντιληπτικής ικανότητας.

Σύμφωνα με τα παραπάνω λοιπόν, έχουμε πέντε διαφορετικά «τμήματα» της Συνείδησης, με τα οποία καλούμαστε να εργαστούμε. Δηλαδή, πέντε «στρώματα» μάσκας, για κάθε ρόλο από τον οποίο θέλουμε να αποστασιοποιηθούμε. Αλλά καιρός ν' αρχίσουμε την αφαίρεση!

Και βέβαια το πιο απλό και φυσικό είναι να ξεκινήσουμε από την **Αντικειμενική Όψη του Συνειδητού.**

Πρωτίστως χρειάζεται να επιλέξουμε μέσα από την ανάμικτη αφθονία, του υπαρξιακού χάους και της τάξης μας , ποιος είναι ο ανεπιθύμητος ρόλος. Όμως, αν θέλουμε να έχουμε σταθερά αποτελέσματα από όλη αυτή τη διαδικασία, η αποβολή όσων αντιπροσωπεύει το ανεπιθύμητο πρέπει να γίνει με σύνεση. *Δεν προτιθέμεθα να αποποιηθούμε τις ευθύνες του κάθε ρόλου, αλλά να διαχωρίσουμε εμάς από αυτόν.* Αλλά όμως, όταν θα έρθει η ώρα να αποποιηθούμε τον ίδιο το ρόλο, τότε χρειάζεται να αναλάβουμε και την ευθύνη αυτής μας της επιλογής.

Το να πούμε λοιπόν ευθέως στο αφεντικό μας ότι δεν σκοπεύουμε να συνεχίσουμε να είμαστε ο «μπιμπ» που ήξερε, το πιθανότερο που θα καταφέρουμε είναι η απόλυση μας. Το ζητούμενο εν προκειμένω είναι η αναγνώριση από μέρους μας αυτού του ρόλου και των λόγων που μας οδηγούν στην ερμηνεία του.

Αν αποφασίσουμε πως μας εξυπηρετεί μπορούμε να τον κρατήσουμε εν γνώσει μας πλέον και μάλιστα ερμηνεύοντας τον όσο γίνεται πιο άψογα. Αν πάλι μας ανεβαίνει το αίμα στο κεφάλι και μόνο με την ιδέα, δεν έχουμε παρά να τον αποποιηθούμε με σταθερότητα, κατ' αρχήν μέσα μας, και εν συνεχεία αλλάζοντας την συμπεριφορά μας.

Όπως και να 'χει, το σημαντικό είναι να θυμόμαστε πάντα να βγάζουμε το κουστούμι του κάθε ρόλου, όταν κατεβαίνουμε από την αντίστοιχη «θεατρική» σκηνή.

Αλλά βέβαια για να καταφέρουμε να επιτύχουμε όλα αυτά απαιτείται μια απαραίτητη προϋπόθεση και αυτή είναι η Ρευστότητα! Αν είμαστε «κολλημένοι» στα παλιά πρότυπα και τις πεποιθήσεις μας, δεν πρόκειται να πάμε πουθενά. Μόνο γινόμενοι ρευστοί και επιλέγοντας με άψογο πνεύμα το ανεπιθύμητο, μπορούμε να προχωρήσουμε στην συνετή αποβολή του και επομένως και στο «θάνατο του ήρωα» τον ρόλο του οποίου υποδυόμασταν μέχρι τώρα.

Ας δούμε όμως τι σημαίνουν όλα αυτά για τον λογοκριτή μας, την **Υποκειμενική Όψη του Συνειδητού** και πώς μπορούμε να αντιμετωπίσουμε τις όποιες αντιδράσεις του. Εδώ η ρευστότητα, μας είναι διπλά απαραίτητη. Βλέπετε, το «κόλλημα» είναι η ειδικότητα του υποκειμενικού. Ωστόσο αυτή η ρευστότητα είναι απαραίτητο να εφαρμοστεί στην πράξη και στην καθημερινή μας ζωή και όχι να παραμείνει ένα ψυχοδιανοητικό θεώρημα.

Η κοινωνική μας εκπαίδευση και οι επακόλουθες συνέπειες δεν μας επιτρέπουν να δείρουμε τον στριμμένο γείτονα μας, για παράδειγμα. Αλλά αν καταφέρουμε να τον κάνουμε να μετακομίσει επειδή το εγκάρδιο χαμόγελο μας και η επιτηδευμένα τέλεια αντιμετώπιση του είναι πέρα από την κατανόηση και τις αντοχές του, θα έχουμε κερδίσει εκτός από την ησυχία μας και ένα «καινούργιο» ζευγάρι μάτια.

Χρειάζεται επομένως να είμαστε άψογοι στη συμπεριφορά μας απέναντι στον ίδιο τον εαυτό μας, ώστε να επιτύχουμε την ελευθερία από τις κοινωνικές διαμορφώσεις μας και συνεπώς την επιθυμητή αλλαγή τής μέχρι τώρα οπτικής από την οποία βλέπαμε τα πράγματα. Είναι σαν να ανάβει ένα μαγικό φως μέσα στο απόλυτο σκοτάδι και να μπορούμε να αντιληφθούμε και άλλες εκδοχές αντιμετώπισης των καταστάσεων της ζωής μας, αποκτώντας μια ενεργή δυνατότητα επιλογής ανάμεσα στο παλιό και στο καινούργιο.

Είναι ίσως αυτό το «στρώμα» της μάσκας που θα μας δυσκολέψει περισσότερο στην αφαίρεση του, καθώς είναι το πλέον ισχυρό και συμπυκνωμένο.

Όμως! Μέχρι στιγμής δεν κάναμε παρά μονάχα μερικές «απλωτές» στη επιφάνεια. Επιδείξαμε τις ικανότητες μας στην κολύμβηση, αλλά τώρα φορέστε αναπνευστήρα –και αν χρησιμοποιήσετε και τα βατραχοπέδιλα σας ακόμη καλύτερα– γιατί θ' αρχίσουμε την διερεύνηση του βυθού, καθώς ερχόμαστε αντιμέτωποι με την άλλη πλευρά μας, αυτή του Ασυνείδητου.

Υποσυνείδητο λοιπόν και κρυμμένοι θησαυροί. Και όπως αναφέραμε ήδη, στο υποσυνείδητο αποθηκεύονται όλα όσα η υποκειμενική λογοκρισία κρίνει ως μη αποδεκτά. Ανάμεσα σ' αυτά βρίσκονται και οι Ατομικές μας Ιδιότητες που δεν συνάδουν με τις κοινωνικές επιταγές, όπως ταλέντα και τάσεις που θεωρούνται άχρηστα και μη παραγωγικά.

Χαρακτηριστικότατο παράδειγμα αυτού του εγκλωβισμού που έχουμε υποστεί και τον οποίο κατά τραγικό τρόπο υποβάλουμε και στα παιδιά που έπονται από εμάς, είναι η στέρηση του δικαιώματος της έκφρασης της ελεύθερης Φαντασίας. Ακόμη και οι φανταστικές ιδέες που οδήγησαν σε καθοριστικά εξελικτικά άλματα του ανθρώπινου είδους, αρχικά χλευάστηκαν και κυνηγήθηκαν έως και δια ροπάλου. Και μη νομίζετε πως, επειδή σήμερα αναγνωρίζουμε αυτό το γεγονός, έχουμε ξεπεράσει και το φράγμα αυτής της νοοτροπίας! Πολύ απλά, το κυνηγητό, γίνεται συγκαλυμμένα και πιο έντεχνα!

Εξακολουθούμε επομένως να βρισκόμαστε κάτω από ποικίλους εξασθενητικούς περιορισμούς που επιβάλλονται από τις κοινωνικές διαμορφώσεις τις οποίες έχουμε υποστεί και δυστυχώς αυτό συμβαίνει σε υποσυνείδητο επίπεδο. Ευτυχώς, όταν αντιληφθούμε την παγίδα, έχουμε και τον τρόπο να την ανατρέψουμε.

Εργαλεία μας σ' αυτό το εγχείρημα είναι τέσσερις εκφράσεις της ουσιαστικής, έμφυτης, συνείδησης μας. Εκείνης δηλαδή της όψης της Συνείδησης που πηγάζει από την Μια Πρωταρχική Δύναμη (Πηγή, Θεό, Πρώτο Κινούν, Μεγάλο Πνεύμα, ή όπως αλλιώς προτιμάτε) και που ακριβώς γι αυτό βρίσκεται πάνω και πέρα από κάθε κοινωνική διαμόρφωση. Αυτές οι εκφράσεις της είναι η *νηφαλιότητα, η ισχύς, το αίσθημα και η γαλούχηση.*

Η *νηφαλιότητα* είναι εκείνη που θα μας δώσει την απαραίτητη συναισθηματική αποστασιοποίηση χάρη στην οποία θα είμαστε σε θέση να διακρίνουμε καθαρά πού ακριβώς βρίσκεται η κάθε παγίδα μέσα μας και πώς μας κρατά καθηλωμένους.

Η *ισχύς* εδώ νοείται ως εκείνη η ήρεμη και αμετακίνητη δύναμη της γνώσης του πώς μπορούν να αντιμετωπιστούν οι εντάσεις της ζωής. Είναι εκείνη που θα μας κρατήσει γερά στα πόδια μας, ώστε να αντεπεξέλθουμε με επιμονή σε κάθε ανατρεπτική δυσκολία –εσωτερική ή εξωτερική– που θα συναντήσουμε στην διάρκεια του εγχειρήματος μας. Η λέξη ''αυτοπεποίθηση'' είναι μια αμυδρή αντανάκλαση αυτής της ισχύος.

Το *αίσθημα* είναι η άμεση εσωτερική γνώση που θα μας κατευθύνει στην σωστή κάθε φορά επιλογή, βάση της οποίας θα κινηθούμε στη συνέχεια και είναι **το κλειδί της επικοινωνίας** ανάμεσα στο συνειδητό και το υποσυνείδητο μας. (βλ. *αίσθημα* «Το ρόδο και το αγκάθι»)

Ως *γαλούχηση*, νοείται η συνεχής τροφοδότηση του όλου εγχειρήματος με την αμέριστη προσοχή μας. Η επικέντρωση μας επί του στόχου.

Μετά από όλη αυτή την εργασία με το υποσυνείδητο μας

το πρώτο εμφανές αποτέλεσμα είναι η επακόλουθη αλλαγή στην εικόνα που έχουμε εμείς για τον εαυτό μας. Και όταν αυτή την εικόνα την προβάλλουμε τελικά προς τα έξω, έχουμε και την αφαίρεση ακόμη ενός στρώματος της μάσκας, τον εξοστρακισμό ακόμη ενός τμήματος του όποιου ρόλου.

Τώρα, αν είστε έτοιμοι, ήρθε η ώρα να ενδυθούμε στολές κατάδυσης και μη ξεχάσετε τις φιάλες οξυγόνου. **Ψυχοειδές ασυνείδητο** και η μεγάλη βουτιά! Να θυμίσω κατ' αρχήν πως αποτελεί τον διαχειριστή όλων των ασυνείδητων σωματικών λειτουργιών, αλλά και το κοινό πεδίο πραγματικότητας ανάμεσα στο ατομικό μας Συνειδητό και το Υπερσυνείδητο μας. Τον Συνειδησιακό Τόπο όπου έρχονται σε άμεση επαφή αυτές οι δυο εσωτερικές μας όψεις.

Κατ' αυτή την έννοια είναι επομένως η «έδρα» συνεργασίας ανάμεσα σ' εμάς ως όντα με αντικειμενική συνειδητότητα και σ' εμάς ως όντα Εσωτερικά. Το Ψυχοειδές ασυνείδητο επικοινωνεί με τις δυο όψεις του Συνειδητού μας δια μέσου της γλώσσας του σώματος για το μεν αντικειμενικό, με τις παθολογικές σωματοποιήσεις δε για το υποκειμενικό.

Για παράδειγμα, ένας ασυνείδητος φόβος εκφράζεται με μια μαζεμένη στάση του σώματος έως και κύρτωση της πλάτης –αντικειμενικό συνειδητό– και παράλληλα σφίξιμο στο στομάχι, ιδρωμένα χέρια, αυξημένη κινητικότητα του εντέρου –υποκειμενικό συνειδητό.

Δεδομένης αυτής της ικανότητας επικοινωνίας και επιδεικνύοντας την στοιχειώδη ευφυΐα να «αφουγκραστούμε», μπορούμε να συνεργαστούμε δια μέσου του ψυχοειδούς ασυνείδητου με το Υπερσυνείδητο μας άνετα και να αποδεχθούμε την καθοδήγηση του δεύτερου για το τι είναι καλύτερο για μας ως ολοκληρωμένη οντότητα.

Οι προκλήσεις έτσι που μας θέτει ο κάθε ρόλος μας αποκτούν τελείως διαφορετικό νόημα και η επόμενη φλούδα της μάσκας, καθώς αφαιρείται, μας αποκαλύπτει άγνωστες πτυχές των εσώτερων ικανοτήτων μας αλλά και καινούργιες δυνατότητες επιλογής για τον χειρισμό κάθε κατάστασης.

Επιτρέπουμε έτσι τις έμφυτες τάσεις μας προς την ολοκλήρωση του ουσιαστικού σκοπού της ζωής μας για την εξέλιξη της Συνείδησης μας, να εκδηλωθούν και να υλοποιηθούν στον χρονοχώρο του παρόντος μας. Αυτές οι έμφυτες τάσεις και η αίσθηση του ζωτικού για μας σκοπού στη ζωή, είναι τα μέτρα και τα σταθμά με τα οποία μπορούμε να αποσαφηνίζουμε αλάνθαστα το βαθύτερο νόημα κάθε πρόκλησης.

Το ξαφνικό χάσιμο μιας δουλειάς ίσως να μην συνέβη για να δοκιμαστεί η αντοχή μας στην πείνα, αλλά για να τολμήσουμε επιτέλους να αξιοποιήσουμε εκείνο το ταλέντο μας ως εμπορικού αντιπροσώπου που θα καλύψει παράλληλα και την μεγάλη ανάγκη μας για ταξίδια και συνεχείς αλλαγές.

Φτάνει όμως με τις βουτιές, ώρα να αναδυθούμε σαν την Αφροδίτη και όχι μόνο! Ώρα να ανέβουμε ψηλά, πολύ ψηλά, ώστε να αποκτήσουμε την προοπτική του ίδιου μας του Υπερσυνείδητου! Της Ατομικής Ουσιαστικής μας Ύπαρξης.

Από εκείνη την θέση παρέκτασης μπορούμε να έχουμε την σφαιρική αντίληψη πάντων όσων αφορούν τον Εαυτό και την Εκδήλωση μας. Είναι η θέση όπου μπορούμε να αφαιρέσουμε και την τελευταία «φλούδα» της μάσκας αποκαλύπτοντας μας τον καθαρό, ατόφιο, εαυτό μας. Τον πραγματικό καλλιτέχνη πίσω από τη Μάσκα. Όχι τον υποκριτή αλλά τον ηθοποιό. Και Ηθοποιός, ναι, σημαίνει Φως!

Το Φως της Πηγής από την οποία προήλθαμε. Εκείνο το άκτιστο Φως που καίει ως Άσβεστη Φλόγα βαθιά στις καρδιές μας και που λαχταράμε να μεταλαμπαδεύουμε παντού γύρω μας.

Αν αυτή την όψη της Συνείδησης μας καταφέρουμε να τη διατηρούμε στην συνειδητή μας επίγνωση, υποκειμενική και αντικειμενική, είναι ευνόητο πως θα λειτουργούμε και θα εκδηλωνόμαστε σαν τα Ολοκληρωμένα Όντα που κάποτε ξεκίνησαν το μακρύ ταξίδι τους προς την αναζήτηση του Αγνώστου και της Εμπειρίας.

Τότε, και μόνο τότε, αυτό το ταξίδι θα έχει πραγματικό νόημα και θα επιτελεί το σκοπό του. Γιατί το ταξίδι ευτυχώς δεν τελειώνει ποτέ. Ή τουλάχιστον, είναι εν δυνάμει ατελείωτο, όπως και τα «σύνορα» της Δημιουργίας.

Βέβαια υπάρχουν κι εκείνοι που επιθυμούν να ξαναγυρίσουν στην Πηγή και να ενωθούν μαζί της και γι αυτούς ο Δρόμος είναι Ένας. Όμως για τα …ζωντόβολα του Σύμπαντος οι «θεατρικές σκηνές» μπορούν να είναι άπειρες και τα «θεατρικά δρώμενα» ατέλειωτα και συναρπαστικά. Μα εκείνο που τους ενθουσιάζει περισσότερο είναι η αλλαγή των σκηνικών και το παιχνίδισμα ανάμεσα στους διαφορετικούς τους ρόλους. Ακόμη κι αν αυτό το παιχνίδισμα ακολουθεί απαράβατους κανόνες.

Γιατί τότε, βρίσκονται μπροστά στην δελεαστική πρόκληση της έντεχνης και διακριτικής τους κατάλυσης.

ΣΥΜΠΙΕΣΗ ΧΡΟΝΟΥ

Σε όλους μας, συμβαίνει κάποιες φορές, να μπαίνουμε στη διαδικασία απολογισμού του χρόνου που πέρασε από τη ζωή μας και ενός προγραμματισμού αυτού που έρχεται. Και σχεδόν πάντα συνειδητοποιούμε πως "κάτι" μας ξέφυγε, πως "κάτι" δεν προλάβαμε να κάνουμε. Κι αν αυτή τη διαδικασία την μεταφέρουμε στο καθημερινό μας εικοσιτετράωρο, η αίσθηση γίνεται ακόμη πιο πιεστική. Για να μην αναφερθώ σ' εκείνο το συναίσθημα της αγανάκτησης που μας δημιουργεί η έλλειψη ελεύθερου χρόνου ο οποίος θεωρείται πλέον ως πολυτέλεια! Οι ρυθμοί και οι απαιτήσεις της σύγχρονης εποχής τρέχουν ξέφρενα και μας παρασύρουν σ' έναν άνισο αγώνα δρόμου.

Ένας τρόπος αντιμετώπισης της κατάστασης είναι το ξεσκαρτάρισμα των πλαστών "αναγκών" που μας εγκλωβίζουν στο κυνήγι …της ουράς μας! Το πήδημα από το «τραίνο» της καθημερινής τρέλας!

Πέρα από αυτό υπάρχει και άλλος τρόπος αντιμετώπισης. Για την ακρίβεια αυτοί οι δυο είναι αλληλένδετοι, με το ξεσκαρτάρισμα να προηγείται για τον απλό λόγο ότι έτσι εξοικονομούμε την απαιτούμενη ενέργεια, ως προσωπική δύναμη, για να προβούμε στον δεύτερο. Ποιος είναι αυτός; Συμπίεση Χρόνου!

Οι δυο αυτές λέξεις μας προϊδεάζουν ως ένα βαθμό για

το ζητούμενο, όμως πίσω τους κρύβονται μια αρχαία παράδοση, μια σύγχρονη θεωρία της φυσικής και η μαθηματική της απόδειξη και κάποια «τεχνική». Άλλωστε όπως και σε κάθε περίπτωση και σ' αυτήν ειδικότερα, τίποτε δεν συμβαίνει χωρίς δράση.

Ωστόσο ο Théun Mares, Τολτέκος Ναγουάλ, γράφει πως η συγκεκριμένη τεχνική είναι περισσότερο μια «κατάσταση αίσθησης». Το πώς επιτυγχάνεται θα το δούμε στη συνέχεια και εκεί ακριβώς έγκειται η δράση.

Εκτός όμως από την πρακτική προσέγγιση της Τολτέκικης Παράδοσης, σήμερα, μπορούμε και έχουμε και την μαθηματικά αποδεδειγμένη θεωρία για το τι «είναι» η Χρονική «συμπίεση». Πρόκειται για την θεωρία της Διττότητας (Doubling Theory) του Γάλλου Φυσικού Δρ. J. P. Garnier Malet που έρχεται επίσης να επιβεβαιώσει και την ύπαρξη του ζεύγους Ονειρευτής-Ονειρεμένος, και πάλι της παράδοσης των Τολτέκων.

Εδώ να σημειώσω πως η θεωρία της Διττότητας επαληθεύει (και επαληθεύεται) επίσης, από την αρχαία Ελληνική γραμματεία (Τίμαιος του Πλάτωνα) αλλά υπάρχει κωδικοποιημένη και στα ελληνικά γράμματα –τα σχήματα και τους συμβολισμούς τους. Ακόμη, με αυτήν ερμηνεύονται αστρολογικές επιρροές, αλλά και βασικές διεργασίες στην βιολογία.

Ας δούμε όμως, μια και εδώ θα εστιαστούμε στην παράδοση των Τολτέκων, πώς αυτοί κατανοούν τον Χρόνο και ποια είναι τα συμπεράσματα των δικών τους ερευνών. Διότι, πρέπει να επισημάνουμε, πως η παράδοση τους στηρίζεται σε πειραματικές έρευνες και αποτελέσματα που έχουν επαληθευτεί ξανά και ξανά μέσα στο διάβα των αιώνων, και που μπορούν να στηρίξουν τεχνικές εφαρμογές στον καθένα που θα τα μελετήσει και θα τα εφαρμόσει. Το Τολτέκικο Μονοπάτι των Πολεμιστών της Ελευθερίας δεν είναι ένας πνευματικός δρόμος, αλλά μια διαδικασία εκπαίδευσης, όσων το ακολουθούν, για την ανεύρεση και προσέγγιση του Ουσιαστικού Εαυτού. Που εκ των πραγμάτων, οδηγεί στην ανεύρεση και προσέγγιση του Μεγαλύτερου Όλου.

Υπάρχει λοιπόν κατ' αρχήν το **Ανείπωτο**. Αυτό δηλαδή για το οποίο δεν μπορεί τίποτε να ειπωθεί καθώς είναι το Άγνωστο Ανεκδήλωτο. Σύμφωνα με τα συμπεράσματα από τις παρατηρήσεις των Τολτέκων Μάντεων, το Ανείπωτο εκδηλώνει μια πρώτη Κίνηση που σηματοδοτεί και την εκδήλωση μιας ενυπάρχουσας **Έμφυτης Συνείδησης**. Αυτή είναι παράλληλα μια **Ενεργός Νοημοσύνη**, αυτό δηλαδή που εκφράζει τον παράγοντα της Νοημοσύνης μέσα στον «Σκοπό» του Ανείπωτου για Εκδήλωση.

Ο «Σκοπός» του Ανείπωτου για Εκδήλωση, είναι τετραπλός και έρχεται σε ύπαρξη με την Εκδήλωση του Χρόνου, του Χώρου, της αδιαμόρφωτης Ενέργειας και της Ύλης. (Ύλη: η δια-μορφωμένη Ενέργεια)

Ο Χρόνος λοιπόν είναι Αρχέγονη «ουσία» του Εκδηλωμένου Σύμπαντος. Μια έκφραση της Θέλησης για Εκδήλωση. Η Πρώτη Κίνηση της Έμφυτης Συνείδησης.

Ο Χρόνος, που προηγείται πάντα του Χώρου, και ο Χώρος είναι οι δύο πολικότητες που καθιστούν δυνατή την εκδήλωση του Σύμπαντος. Ως οι δύο πρώτες από τις τέσσερις εκφράσεις του Σκοπού της Έμφυτης Συνείδησης (Χρόνος – Χώρος – Ενέργεια – Ύλη), είναι *ιδιαίτερες καταστάσεις της συνείδησης*, αντίθετης πολικότητας η μια από την άλλη και επομένως, ως πολικά αντίθετα της αυτής κατάστασης, αδιαχώριστες, αλληλεξαρτημένες και αλληλεπιδρώσες. Διότι σε ένα δίπολο δεν είναι δυνατό να υπάρχει ο ένας πόλος χωρίς τον άλλο.

Τόσο η *εκδήλωση*, όσο και η *εξέλιξή* της Συνείδησης συμβαίνουν λόγω ακριβώς της **Ευφυούς Συνεργασίας** ανάμεσα σ' αυτές τις δύο πολικότητες της Έμφυτης Συνείδησης που ξεπηδά από το Ανείπωτο. Το εκδηλωμένο Σύμπαν μπορεί να υπάρχει μόνο λόγω της *σταθερής αλληλεπίδρασης* μεταξύ αυτών των δύο πολικοτήτων.

Αυτή η σταθερή αλληλεπίδραση μεταξύ του Χρόνου και του Χώρου είναι η πραγματική **σταθερά** που, κατά τον Théun Mares, δεν αντελήφθη σωστά ο Άλμπερτ Αϊνστάιν στις θεωρίες του για την Σχετικότητα και την οποία προσπάθησε να καθορίσει από την άποψη της ταχύτητας του φωτός. Στην εξίσωσή $E=mc^2$, απέδειξε ότι η ενέργεια (Ε) είναι ίση με την μάζα-ύλη (m) που σημαίνει σύμφωνα με την παράδοση των Τολτέκων πως το Ανείπωτο (Νάγαλ, δηλ. ενέργεια-Ε) εκδηλώνεται ως Ύλη (Τονάλ, δηλ. μάζα-m). Και γράφει σχετικά: *«Η εξίσωση όμως E=m ισχύει μόνον όταν η μάζα (m) πολλαπλασιαστεί με το τετράγωνο μιας σταθεράς. Ο Αϊνστάιν πήρε την ταχύτητα του φωτός (c) ως την απαραίτητη αυτή σταθερά. Οι Τολτέκοι όμως θέλουν να διαφέρουν από τον Δρ Αϊνστάιν σε αυτό το σημείο, διότι από την εμπειρία μας δεν υπάρχει τίποτε σε αυτό το σύμπαν που να είναι πραγματικά σταθερό, ούτε ακόμα και η ταχύτητα του φωτός.»* Και συνεχίζει: *«Η εξίσωση του Αϊνστάιν είναι απολύτως σωστή όταν κατανοηθεί ότι στο βασίλειο της εκδήλωσης **η απαιτούμενη σταθερά είναι η σταθερά αλληλεπίδρασης ανάμεσα στους δύο πόλους της*** *επίγνωσης.* *Έτσι, μπορεί τώρα να λεχθεί ότι η διαφοροποιημένη συνείδηση (m), πολλαπλασιασμένη με το γινόμενο των δύο πόλων της επίγνωσης (c^2), είναι ίση με τη μη διαφοροποιημένη συνείδηση (E).»*

Η «επίγνωση» στην οποία αναφέρεται εδώ, αντιστοιχεί στον Μικρόκοσμο και είναι η Επίγνωση που καλλιεργεί η κάθε **Εξελισσόμενη Συνείδηση**, δηλαδή η Συνείδηση του καθενός από εμάς. Επίγνωση της Ύπαρξης = Είμαι. Και το αίσθημα του «Είμαι» αυτόματα προϋποθέτει Χρόνο και Χώρο. Η αντιστοιχία για τον Μακρόκοσμο είναι η σταθερά αλληλεπίδρασης ανάμεσα στο Χρόνο και τον Χώρο.

Βλέπουμε λοιπόν πως η προσωπική μας Επίγνωση είναι άμεσα συνδεδεμένη με την αρχέγονη «ουσία» του Χρόνου. Και αυτό ακριβώς είναι το σημείο που μας ενδιαφέρει σε σχέση με την επίτευξη της Συμπίεσης του Χρόνου.

Καθώς η Έμφυτη Συνείδηση (=Νοημοσύνη του Ανείπωτου) διαφοροποιείται σε Μονάδες ατομικής Εξελισσόμενης Συνείδησης η κάθε μια από αυτές *αρχίζει την δική της πορεία εξέλιξης,* που σημαίνει με άλλα λόγια πως περνά δια μέσου της άχρονης **Συμπεριεκτικότητας**[1] σε μια διαδικασία, άρα αποκτά την αντίληψη της ύπαρξης του Χρόνου.

Από αυτή τη σκοπιά ο χρόνος είναι το αποτέλεσμα *της αντίληψης της διαδικασίας της ζωής.* Και επειδή η διαδικασία της ζωής είναι *η εξέλιξη της συνείδησης,* που σημαίνει την απόκτηση όλο και μεγαλύτερης Επίγνωσης της Ουσιαστικής Ύπαρξης, μπορούμε να πούμε ότι εάν :

t = Χρόνος , ε = Επίγνωση και c^2 = η σταθερά αλληλεπίδρασης ανάμεσα στους δύο πόλους της Επίγνωσης (Ονειρευτής+ / Ονειρεμένος−), τότε : $t = c^2/\varepsilon$

Με την βοήθεια του τύπου αυτού είναι εύκολο να

αντιληφθούμε πως η Επίγνωση (ε) είναι αντιστρόφως ανάλογη προς τον Χρόνο (t). Από αυτό προκύπτει ότι αν: ε = ∞ τότε t = 0 , δηλαδή **όταν έχουμε άπειρη Επίγνωση της Ουσίας της Ύπαρξης βρισκόμαστε έξω από την ροή του Χρόνου.**

Πρακτικά αυτό σημαίνει πως «...*όσο μεγαλύτερος είναι ο βαθμός της επίγνωσης μας, τόσο λιγότερος χρόνος χρειάζεται για να κατανοήσουμε κάποια αρχή ή για να ολοκληρώσουμε ένα έργο.*» Αυτό ακριβώς αποκαλούν οι Τολτέκοι Πολεμιστές **«Συμπίεση του Χρόνου».**

Έτσι μπορούμε να θεωρήσουμε ως «τεχνική» επίτευξης της Συμπίεσης Χρόνου την «αίσθηση της πλήρους παρουσίας μας» σε ό,τι και αν κάνουμε. Αυτή την διαδικασία οι Τολτέκοι την ονομάζουν Παραφύλαξη της Αντίληψης ή του Εαυτού. Όντας «ξυπνητοί» και «παρόντες» σε κάθε μας εκδήλωση, ψυχολογική, νοητική, συναισθηματική, πρακτική, αποκομίζουμε όλο και μεγαλύτερη επίγνωση της Ύπαρξης μας και της αλληλοεξάρτησης μας με το Μεγαλύτερο Όλο. Ενδυναμώνοντας την Επίγνωση έχουμε αυτόματα ενδυνάμωση και της προσωπικής μας δύναμης η οποία με τη σειρά της μας τροφοδοτεί με την απαιτούμενη ενέργεια που χρειάζεται για να παραμείνει η αντίληψη μας σε εγρήγορση.

«Ακολουθώντας αυτή την δυναμική και διατηρώντας την αρμονία και την ισορροπία μας, ο Χρόνος ρέει σαν μια χορογραφία τα βήματα της οποίας ακολουθούμε με την χάρη και την τελειότητα μιας πρίμα μπαλαρίνα. Έτσι μπορούμε μέσα σε ανύποπτο χρόνο να διανύσουμε μια απόσταση, εκτελώντας παράλληλα πολύπλοκες φιγούρες πάνω στο χώρο της «σκηνής», που σε άλλη περίπτωση θα μας έπαιρνε αρκετά λεπτά απλά και μόνο να την

περπατήσουμε! Αυτά, από την άποψη της εσωτερικής μας αίσθησης και κατάστασης, που όμως αποδίδουν απτά και επαληθεύσιμα αποτελέσματα στην καθημερινή μας ζωή.»

Και πού κολλάνε τα μαθηματικά και η φυσική σε όλα αυτά; Για δοκιμάστε να χορογραφήσετε ένα μουσικό κομμάτι και μετά να εκτελέσετε αυτή τη χορογραφία!

Πριν όμως μπούμε στα χωράφια της φυσικομαθηματικής προσέγγισης έχει πολύ ενδιαφέρον να δούμε την αντιστοιχία της δυναμικής της Επίγνωσης στο γενικότερο πλαίσιο της ζωής και της εξέλιξης του ανθρώπου που επιλέγει να ακολουθήσει το Μονοπάτι της Ελευθερίας. Άλλωστε είναι μέσα στα πλαίσια των «υποχρεώσεων» κάθε Τολτέκου να συμπιέζει πάντα τον χρόνο του. Με άλλα λόγια, να Παραφυλάει την Αντίληψη του και να ενεργεί Άψογα. Ο Théun Mares προκειμένου να αποδώσει κατανοητά την σχέση αυτή, χρησιμοποιεί ένα παράδειγμα και το αντίστοιχο σχήμα του. (Σχ. 1)

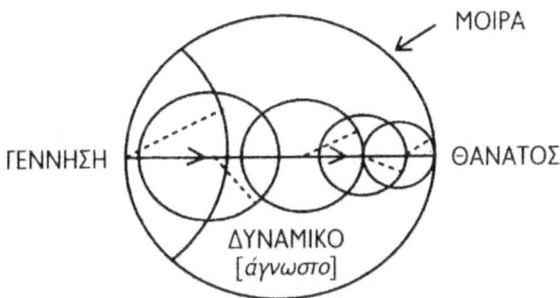

Σχ. 1

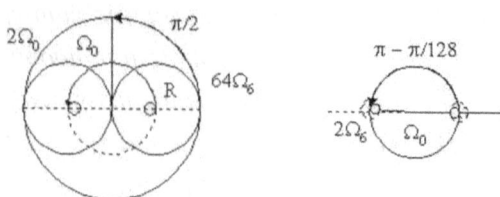

$$\Sigma\chi.\ 1^{\alpha}$$

Μας λέει λοιπόν να θεωρήσουμε την ζωή ενός ανθρώπου ως μια ευθεία γραμμή προκαθορισμένου μήκους. Η αρχή της σηματοδοτεί την γέννηση και το τέλος της το θάνατο. Αυτή η γραμμή αποτελεί ταυτόχρονα την διάμετρο ενός κύκλου, η περιφέρεια του οποίου συμβολίζει τον κύκλο της ζωής αυτού του ανθρώπου και περιγράφει όλα τα συμβάντα που αυτός πρόκειται να βιώσει στην διάρκεια της. Διότι όλα όσα χρειάζεται να αντιμετωπίσει προκειμένου να εξελιχθεί βρίσκονται μέσα σ' αυτό τον κύκλο.

«Αυτός ο κύκλος, γράφει ο Mares , περιλαμβάνει το πλήρες δυναμικό του ανθρώπου σε μια ενσάρκωση, το οποίο είναι άγνωστο κατά τη γέννηση του, αλλά βαθμιαία γίνεται αντικείμενο εξερεύνησης, αντλείται και εκτυλίσσεται σειριακά στη διάρκεια της ζωής του. Ονομάζεται τεχνικά ''κύκλος της ύπαρξης''.»

Η πλήρης επαφή των ανθρώπων με το δυναμικό τους συντελείται κατά τις στιγμές της γέννησης και του θανάτου αντίστοιχα, στα σημεία δηλαδή που η διάμετρος του κύκλου εφάπτεται με την περιφέρεια.

Όταν όμως κάποιος άνθρωπος ξεπεράσει τα γνωστά πλαίσια του Ανθρώπου ακολουθώντας το Μονοπάτι της Ελευθερίας και επιδιώκει να γίνει Τολτέκος Πολεμιστής, έρχεται σε πλήρη επαφή με το δυναμικό του σε όλη τη

190

διάρκεια της ζωής του. Αυτό σημαίνει διευρυμένη Αντίληψη και συνειδητή Επίγνωση της Ουσιαστικής του Ύπαρξης, αλλά ταυτόχρονα και συνεχή Παραφύλαξη του Εαυτού ώστε να βρίσκεται διαρκώς σε Ευφυή Συνεργασία με τον Ονειρευτή του.

Στο σχήμα του παραδείγματος μας αυτή η διαδικασία παριστάνεται με τις περιφέρειες μικρότερων κύκλων που έχουν τα κέντρα τους διαδοχικά πάνω στην διάμετρο του κύκλου της ύπαρξης και η κάθε περιφέρεια αποτελεί τον ορίζοντα της εκάστοτε κοσμοθεώρησης που έχει ο Πολεμιστής στη δεδομένη στιγμή. Οι ακτίνες αυτών των κύκλων εξαρτώνται από το εύρος της Αντίληψης του και η όλη διαδικασία ονομάζεται κωδικά *«στροφή ενενήντα μοιρών»*, καθώς ο Πολεμιστής κάνει μια στροφή ενενήντα μοιρών προκειμένου να εγκαταλείψει κάθετα την παλιά του κοσμοθεώρηση και να διευρύνει την αντιληπτική του ικανότητα. Και ενώ μέχρι πριν αντιλαμβάνονταν και ζούσε τη ζωή του γραμμικά, ως ο Ονειρεμένος, τώρα πλέον έχει την επίγνωση της από την προοπτική του Ουσιαστικού εσωτερικού εαυτού του, του Ονειρευτή.

Δυστυχώς, στο μέσο άνθρωπο και καθώς μεγαλώνει, οι ακτίνες των κύκλων γίνονται όλο και πιο μικρές, επειδή οι ορίζοντες της Αντίληψης του στενεύουν εξ αιτίας της κοινωνικής του διαμόρφωσης.

Εδώ νομίζω πως είναι καιρός να μιλήσουμε για την θεωρία της Διττότητας του Δρ. J. P. Garnier Malet και την Υφή του Χρόνου. Η θεωρία του Garnier Malet είχε ως εφαλτήριο την θεωρία των Einstein, Podolsky και Rosen (1935) για τον συσχετισμό των φωτονίων.[2] Αντίστοιχο πείραμα, το 1981 από τον Alain Aspect του

"Institut d'Optique d'Orsay" έδωσε ως ταχύτητα συσχετισμού των φωτονίων ίση με 2C. Έτσι, η ταχύτητα C του φωτός, έπαψε να αποτελεί πλέον το έσχατο όριο. Το 2002 ο André Suarez βρήκε άπειρη ταχύτητα συσχετισμού, με αποτέλεσμα ο χρόνος και η αιτιότητα του να πάψουν να υφίστανται, θέτοντας έτσι το πρόβλημα του φαινομένου της συγχρονικότητας.

Ωστόσο οι μετασχηματισμοί του Lorentz εξακολουθούν να ορίζουν ότι η ταχύτητα του φωτός C είναι το όριο της ταχύτητας οποιασδήποτε μάζας. Δεδομένου ότι οι πληροφορίες είναι ενέργεια και ότι η ενέργεια είναι μάζα, η ταχύτητα του συσχετισμού πρέπει να περιοριστεί. Ο συσχετισμός μεταξύ των φωτονίων είναι αναπόφευκτα χρονικός, εκτός εάν κατασταλεί ο χρόνος και κατ' αυτό τον τρόπο η αιτιότητα καταστεί συγχρονικότητα.

Την μαθηματικά διατυπωμένη απάντηση σ' αυτά τα κενά δίνει η Θεωρία της Διττότητας με την θεμελιώδη *μετακίνηση του διπλασιασμού*. Καταργεί αυτά τα παράδοξα χωρίς να έρχεται σε αντίθεση με την περιοριστική θεωρία της σχετικότητας. Δίνει στον χρόνο έναν χωρικό χαρακτήρα που αντιστοιχεί τέλεια με τις ιδέες του Einstein και με τους μετασχηματισμούς του Lorentz : Καθορίζει έναν στροβοσκοπικό χρόνο που αντιστοιχεί στην πραγματικότητα σε μια **ασυνεχή ροή του χρόνου**. Μας δίνει τρεις διαφορετικές ταχύτητες (C, C_1, C_2) των πληροφοριών μεταξύ των σωματιδίων σε συνάρτηση. Αυτές οι τρεις ταχύτητες είναι ταχύτητες των πληροφοριών μεταξύ των σωματιδίων που συνδέονται από την θεμελιώδη μετακίνηση της διττότητας και οι δύο εξ αυτών ξεπερνούν την ταχύτητα των 300.000 km/sec, αλλά είναι μετρήσιμες. Αυτή η μετακίνηση (spinback) του σωματιδίου –ή του ορίζοντα γεγονότων– είναι η βάση της θεωρίας της Διττότητας. (Σχ. 2)

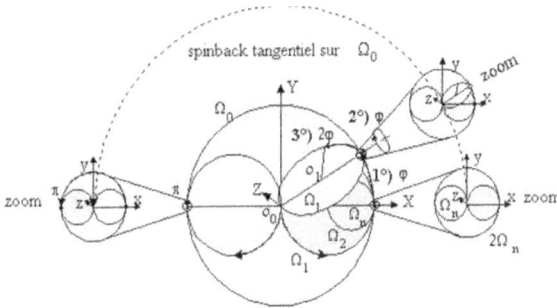

Σχ.2

Σύμφωνα με την θεωρία λοιπόν, ο χρόνος είναι στροβοσκοπικός, διακεκριμένος. Δεν είναι δηλαδή συνεχής όπως τον αντιλαμβανόμαστε από την καθημερινή μας εμπειρία, αλλά κυλά διακεκομμένα στιγμή-στιγμή. Αυτές οι διακοπές είναι τόσο μικρές που είναι ανεπαίσθητες στην βιολογία μας, δίνοντας μας μονάχα *την εντύπωση* μιας συνεχούς ροής του χρόνου. (Σχ 3)

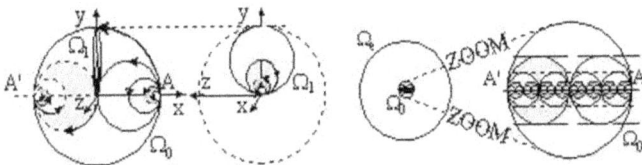

Σχ.3

EIRHNH ΛΕΟΝΑΡΔΟΥ

Η ταχύτητα με την οποία εκτυλίσσονται οι στιγμές αυτές είναι διαφορετική σε κάθε πραγματικότητα.

Ως «διαφορετική πραγματικότητα» ορίζεται η διαφορά αντίληψης που έχει ο κάθε παρατηρητής, ανάλογα με την χωρική θέση από όπου παρατηρεί τα γεγονότα. Έτσι π.χ. ένα σωματίδιο νετρονίου μπορεί να είναι ο *ορίζοντας* των κουάρκ που θα το συνιστούσαν, αλλά από διαφορετική οπτική γωνία εξακολουθεί να είναι *σωματίδιο* ενός μεγαλύτερου ορίζοντα. Αυτό το γεγονός της Διττότητας (σωματίδιο-ορίζοντας) ισχύει τόσο για το μικροκοσμικό, όσο και για το μακροκοσμικό σύμπαν και φυσικά και για κάθε έμβιο ον.

Ένας χρόνος μπορεί να οριστεί από μία περιοδική κίνηση ενός χώρου στον ορίζοντα του παρατηρητή. Διαφορετικοί ορίζοντες οι οποίοι περιορίζουν τις παρατηρήσεις και τις αλληλοεπιδράσεις μπορούν έτσι να ορίσουν διαφορετικούς ρους χρόνου.

Κατά τις στιγμές της μη παρατήρησης, ο χρόνος κυλά διαφορετικά. Αυτό που λέμε παρελθόν είναι στην ουσία μια πραγματικότητα όπου οι στιγμές κυλούν πολύ πιο αργά από ότι στο παρόν μας εδώ και τώρα, ενώ σε αυτό που ονομάζουμε μέλλον οι στιγμές ρέουν με ακόμη μεγαλύτερη ταχύτητα από ότι στο παρόν. Την ταυτόχρονη ύπαρξη αυτών των ταχυτήτων, μπορεί να την αντιληφθεί ένας παρατηρητής μόνον όταν βρίσκεται έξω από τον ορίζοντα γεγονότων που περικλείει και τις τρεις καταστάσεις.

Η αλλαγή οπτικής γωνίας κατά ενενήντα μοίρες, του παρατηρητή, αντιστοιχεί στην θεμελιώδη μετακίνηση (spinback) του σωματιδίου –ή του ορίζοντα– και μπορεί να λάβει χώρα στο κενό ανάμεσα από την διαδοχή δύο

194

χρονικών στιγμών. Αυτά τα «χρονικά ανοίγματα» (Σχ 4) αποτελούν στην ουσία πύλες στη ροή του χρόνου μέσα από τις οποίες έχουμε την δυνατότητα να μεταπηδούμε από ταχύτητα σε ταχύτητα χρονικής αντίληψης, ανάλογα με τον ορίζοντα που επιλέγουμε κάθε φορά ως παρατηρητές. Διότι ως έμβια όντα μετέχουμε της διττής ιδιότητας, του να **είμαστε δηλαδή «σωματίδιο» και «ορίζοντας» ταυτόχρονα**. Επομένως, άσχετα από το πού βρίσκεται στραμμένη η αντίληψη μας κάθε φορά, εξακολουθούμε να υπάρχουμε μέσω του διττού εαυτού μας και στην άλλη κατάσταση παράλληλα.

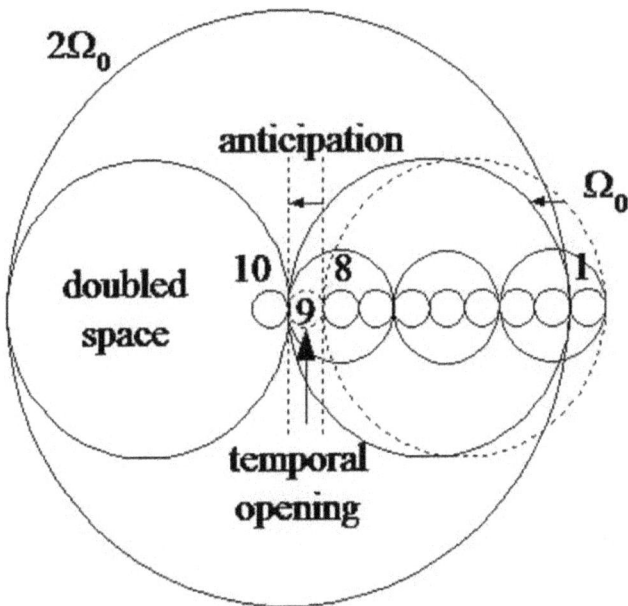

Σχ. 4

195

Τώρα, δεν ξέρω τι αποκομίσατε από την ...συμπίεση μιας αρχαίας παράδοσης, μιας σύγχρονης φυσικής θεωρίας και μιας «τεχνικής» μέσα στα στενά πλαίσια ενός κεφαλαίου, γι αυτό θα προσπαθήσω να ανακεφαλαιώσω όσο γίνεται πιο απλά όσα έχουμε πει.

Κατ' αρχήν να διευκρινίσουμε πως η Συμπίεση του Χρόνου έτσι όπως την κατανοούν και χρησιμοποιούν οι Τολτέκοι Πολεμιστές, είναι ένα από τα αποτελέσματα του τρόπου της ζωής τους. Ωστόσο, ακόμη και για μας τους αδαείς, μπορεί να επιτευχθεί αν ακολουθήσουμε το αίσθημα που την προκαλεί. Και αυτό απορρέει από την συνειδησιακή κατάσταση της Πλήρους Παρουσίας μας ανά πάσα στιγμή και σε κάθε δράση μας. Ή με διαφορετική ορολογία, όταν συνεργαζόμαστε ευφυώς με τον Ονειρευτή μας και έχουμε αναλάβει τον πλήρη έλεγχο του συνειδητού μας.

Η φυσική θεωρία της Διττότητας μας εξηγεί, και μας αποδεικνύει μαθηματικά, την ύπαρξη των ανοιγμάτων του χρόνου μέσα από τα οποία –έχοντας την κατάλληλη διάθεση– μπορούμε να αλλάξουμε γραμμή χρόνου και άρα ταχύτητα και να επικοινωνήσουμε έτσι με τον Διττό εαυτό μας και να συνεργαστούμε μαζί του προς όφελος μας. Μας λέει επίσης πως αυτά τα ανοίγματα συμβαίνουν κάθε **εννέα** θεμελιώδεις κινήσεις (spinback) του οτιδήποτε είναι αυτό που παρατηρούμε, είτε στο μικρόκοσμο είτε στο μακρόκοσμο.

Αυτό δίνει ακόμη μεγαλύτερο ενδιαφέρον στην έρευνα μας αν ανατρέξουμε στην έννοια της Συμπεριεκτικότητας[1] των Τολτέκων και παράλληλα, στο ότι οι αποκρυφιστές αρέσκονται –και όχι χωρίς λόγο απ' ό,τι φαίνεται– να αντιστρέφουν τον λατινικό αριθμό XI

(11) που χαρακτηρίζει τη Σεφίρα του Ντάαθ, σε ΙΧ (9). Έχοντας κατά νου αυτές τις παραμέτρους συμπεραίνουμε συνειρμικά πως βρισκόμαστε για άλλη μια φορά προ των Πυλών εκείνης της Συνειδησιακής Κατάστασης Αλλαγής Κλειδιού για την Αντίληψη μας!

Και θα κλείσω αυτό το κεφάλαιο εδώ με ένα σχόλιο του Théun Mares: «...*όλη η Δημιουργία εξαρτάται τόσο από την ύπαρξη όσο και από τη χρήση του χρόνου. Όμως, αυτό που καταλαβαίνει ο άνθρωπος σαν χρόνο είναι μόνο η κατανόηση του για το πώς εκδηλώνεται ο χρόνος στο φυσικό επίπεδο. Μόλις ο άνθρωπος φτάσει να καταλάβει τις βαθύτερες έννοιες του λογισμού και συνειδητοποιήσει ότι αυτές οι σημασίες μπορούν να κατανοηθούν μόνο μέσω της ξεχασμένης επιστήμης της αριθμολογίας, θα δούμε να εμφανίζεται ένα εντελώς νέο είδος μαθηματικών –μια μορφή μαθηματικών που θα έχει κατά παράξενο τρόπο ψυχολογικές αποχρώσεις και που επομένως, όχι μόνο θα λαμβάνει υπόψη της την αλληλεξάρτηση των πάντων στη ζωή, αλλά θα αναγνωρίζει την ανάγκη να συμπεριλάβει σε όλες τις μαθηματικές εξισώσεις το στοιχείο του χρόνου. Λόγω του στοιχείου του χρόνου, δεν ζούμε σε ένα απόλυτο σύμπαν. Ολόκληρος ο κόσμος είναι σχετικός ως προς το χρόνο, σχετικός ως προς το σκοπό του Ανείπωτου και μόλις κατανοηθεί τι πραγματικά σημαίνει αυτό, η επιστήμη θα συνειδητοποιήσει ότι το εκδηλωμένο σύμπαν περιλαμβάνει μια συναισθηματική ιδιότητα που δεν μπορεί να αγνοηθεί.*»

Σημειώσεις

(1) Συμπεριεκτικότητα: Η αλληλεπίδραση μεταξύ τους Έμφυτης Συνείδησης του Νάγαλ και τους Εξελισσόμενης Συνείδησης του Τονάλ προκαλεί την ιδιότητα της Συμπεριεκτικότητας. Αυτή είναι ο Σκοπός της εξέλιξης επειδή η πρόθεση του Νάγαλ είναι συμπεριλάβει το Άγνωστο μέσα στο Γνωστό. Μπορεί να οριστεί σαν η εκδήλωση τους πρόθεσης του Νάγαλ και γι αυτό της δόθηκε ο τίτλος *«Αυτή Είναι»* και το όνομα *«Μάτι της Ανεκδήλωτης Ζωής»*. (Θα μπορούσαμε να την παραλληλίσουμε με το Μάτι του Ώρου, καθόσον ο Ώρος ταυτίζεται με την απόκτηση της Επίγνωσης.)

Η Συμπεριεκτικότητα είναι μια παράξενη ιδιότητα της Συνείδησης γιατί κατά ένα τρόπο βρίσκεται εκεί και, κατά έναν άλλο, δεν είναι πουθενά. Γιατί ενώ αντιλαμβανόμαστε μεν πότε είμαστε συνειδητοί, δεν ξέρουμε ποτέ, εκείνη την *ίδια* στιγμή, πώς ρέουν το παρελθόν, το παρόν και το μέλλον, μέσα στη διαδικασία της αντίληψης.

Αυτή την αιώνια διαδικασία στην οποία οι τρεις χρονικές ροές αλληλεπιδρούν μεταξύ τους την χαρακτηρίζουμε ως «Αιώνιο τώρα». Μπορούμε να μπούμε στο Αιώνιο τώρα, μόνον βγαίνοντας από το γραμμικό χρόνο, μεταπηδώντας σε άχρονη Κατάσταση Συνείδησης, σ' αυτό που οι Τολτέκοι ονομάζουν ''το σταμάτημα του Κόσμου''.

(2) Συσχετισμός φωτονίων: Όταν ένα φωτόνιο διαχωριστεί σε δύο μέρη, τα νέα φωτόνια που προκύπτουν έχουν την ιδιότητα να «επικοινωνούν» μεταξύ τους ακόμη και αν βρίσκονται σε μεγάλη απόσταση μεταξύ τους. Έτσι, αν προκαλέσουμε οποιοδήποτε ερέθισμα στο ένα από αυτά, το άλλο ανταποκρίνεται –ακαριαία– εξ ίσου με αυτό που δέχθηκε το ερέθισμα.

ΒΙΒΛΙΟΓΡΑΦΙΑ

Κ. Μόντη / Ο Εγκέφαλος και ο Κόσμος του / GTB Daylight Time

Κοσμολογία της Νόησης / Δανέζη – Θεοδωσίου / ΔΙΑΥΛΟΣ (σελ 176-177)

Το Λεξικό των Συμβόλων / J. E. Cirlot /Κονιδάρης

Η Μαγική Γλώσσα / Γιάννης Μπαλής / Πελασγός

Η Πρωτογένεσι της Ελληνικής Γλώσσης / Ελ. Ακτουδιανάκης / Δίον

Η Αναζήτηση της Τέλειας Γλώσσας / Umberto Eco / Ελληνικά Γράμματα

Το Μήνυμα / Marlo Morgan / Διόπτρα

Η Λέξη και η Δύναμη / Γιώργος Μπαλάνος / Locus 7

Η νέα επιστήμη της Κβαντικής Πληροφορίας / Michael A. Nielsen / Scientific American-Ιαν. 2004

Υπερσυνείδηση-Ένας οδηγός διαλογισμού / Τζ. Ντόναλντ Γουόλτερς / Κέδρος

Η Γνώση του Δράκοντα / Theun Mares / Αρχέτυπο

Εγκυκλοπαίδεια Επιστήμη & Ζωή

Φως εκ των Ένδον / Πλάτωνας Δρακούλης / Ιδεοθέατρον

Η νέα επιστήμη της Κβαντικής Πληροφορίας / Michael A. Nielsen / Scientific American-Ιαν. 2004

Γεωμετρία της Ζωντανής και μη Ζωντανής Ύλης / Μ.Σπηλιόπουλος / Κόνιτσα 2002

Ι. Κακριδή / Ελληνική Μυθολογία / Εκδοτική Αθηνών

Theun Mares / Η κραυγή του Αετού / Αρχέτυπο

Δημήτρης Ευαγγελόπουλος / Ιερή Γεωμετρία / Αρχέτυπο

Εγκυκλοπαίδεια Britannica

Ε.Π. Μπλαβάτσκυ / Βίβλος Αποκρυφισμού / Κέδρος

Ε.Π. Μπλαβάτσκυ / Η Μυστική Δοξασία / Πνευματικός Ήλιος

Dion Fortune / Πρακτικός Εσωτερισμός & Η Μυστική Καββάλα / Ιάμβλιχος

R. A. Johnson / Η Σκιά / Αρχέτυπο

Η Θιβετανική Βίβλος των Νεκρών / σύνταξη Β.Γ. Έβανς-Γουέντζ / Πύρινος Κόσμος

Diana Cooper / Ανακάλυψε τα Μυστικά του Εαυτού σου / Α. Καλογήρου

Thêun Mares / Η επιστροφή των Πολεμιστών / Αρχέτυπο

Julian Johnson / The Path of the Masters / R.S.S.B.

Ανδρέας Γεωργίου / Οι Μυθικοί Κώδικες / Γλάρος

Δημ. Ευαγγελόπουλος / Τεχνολογία υποταγής
Συνειδήσεων / Έσοπτρον

Roger Penrose / Ο νέος αυτοκράτορας; / Γκοβόστη

Barbara Vitale / Οι Μονόκεροι υπάρχουν / Θυμάρι

Gianni Rodari / Γραμματική της Φαντασίας / Τεκμήριο

S. Cernez / Le Yoga de l'occident / Κονιδάρη

G. Rizzolati, L. Fogassi, V. Gallese / «Καθρέφτες μέσα
στο νου» / Scientific American / 01-07

V. S. Ramachandran, L. M. Oberman / «Σπασμένοι
Καθρέφτες» / Scientific American / 02-07

Donna Williams / «Κανείς στο Πουθενά» / Αποσπερίτης /
1993

Κ. Λιολιούσης / Βιολογικές Επιδράσεις της ΗΜΓ
Ακτινοβολίας / Δίαυλος

D. Fortune / Ψυχική Αυτοάμυνα / Ιάμβλιχος

S. Sharamon – B. Baginski / Το Βιβλίο των Τσάκρα /
Διόπτρα

Harper's / Εγκυκλοπαίδεια Μυστικιστικών και
Παραφυσικών Εμπειριών

Εγκυκλοπαίδεια Υδρία

www.onirocosmos.gr

www.ethericwarrios.com

www.educate-yourself.org

www.toltec-foundation.org

http://www.garnier-malet.com/resume_theorie.htm

www.victorianweb.org

ΥΠΑΡΞΗ

Βιβλίο πρώτο
"ΕΞΩΤΕΡΙΚΕΣ ΔΙΑΔΡΟΜΕΣ"

ΠΕΡΙΕΧΟΜΕΝΑ

ΥΠΑΡΞΗ

Βιβλίο τρίτο
"ΚΟΣΜΙΚΕΣ ΡΟΕΣ"

ΠΕΡΙΕΧΟΜΕΝΑ

Printed by CreateSpace
Charleston, SC USA

www.ingramcontent.com/pod-product-compliance
Lightning Source LLC
Chambersburg PA
CBHW072345090426
42741CB00012B/2926